旅行邂逅文艺范儿

文艺客栈

《旅游圣经》编辑部　著

北京出版集团公司

北京美术摄影出版社

图书在版编目（CIP）数据

旅行邂逅文艺范儿. 文艺客栈 / 《旅游圣经》编辑
部著. 一 北京：北京美术摄影出版社，2017.7
ISBN 978-7-5592-0000-6

Ⅰ. ①旅… Ⅱ. ①旅… Ⅲ. ①旅游指南—中国②旅馆
—介绍—中国 Ⅳ. ①K928.9②F719.2

中国版本图书馆CIP数据核字(2017)第030102号

责任编辑：董维东
特约编辑：王　华
助理编辑：张立红
责任印制：彭军芳

旅行邂逅文艺范儿　文艺客栈
LÜXING XIEHOU WENYI FANR　WENYI KEZHAN
《旅游圣经》编辑部　著

出　版　北京出版集团公司
　　　　　北京美术摄影出版社
地　址　北京北三环中路6号
邮　编　100120
网　址　www.bph.com.cn
总发行　北京出版集团公司
发　行　京版北美（北京）文化艺术传媒有限公司
经　销　新华书店
印　刷　北京方嘉彩色印刷有限责任公司
版印次　2017年7月第1版第1次印刷
开　本　700毫米×1000毫米　1/16
印　张　18.25
字　数　204千字
书　号　ISBN 978-7-5592-0000-6
定　价　69.00元
如有印装质量问题，由本社负责调换
质量监督电话　010-58572393

《旅游圣经》编辑部

胡海燕 中文系毕业，出生在西北，成长在南京，生活在广州，从事过媒体、广告行业。性情淡泊、闲散，追求随性自在，喜欢闲云野鹤一般的生活。著有《最美云南》《最美福建》等书。负责撰写本书的广州、深圳部分。

王睿颖 90后旅行作家，曾于拉萨、成都、德国等地旅居写作，用温暖的笔触记录了旅途中一座座城市对人的关怀。著有《老西安新西安》等书。负责撰写本书的南京、苏州、西安部分。

小 爱 80后天蝎女。资深背包客，热爱独自旅行；资深美食达人，擅长寻觅各地美食。爱文艺、爱小清新式生活方式，开过咖啡厅和瑜伽馆，闲来无事进行网络文学创作，收获粉丝若干。负责撰写本书的厦门、大理部分。

王 蘅 热爱行走的天秤座女子，喜欢路上的风景，更爱有故事的旅行。期待未曾走过的路、没有看过的风景，遇见不一样的自己和世界。著有《恋恋四川》《最美西藏》等书。负责撰写本书的成都部分。

仇潇潇 生长于粗犷的北方小城，却有着南方女孩的细腻情感。工作中，她是专注于excel表格、寻找数据漏洞的理性审计师；生活里，却是流连于书店、花店、咖啡馆的感性文艺女青年。负责撰写本书的北京部分。

章芝君 环球旅行背包客，杭州80后女设计师，热爱古琴、绘画、写作和摄影。著有《阳光下的清走》一书。负责撰写本书的杭州部分。

写在前面的话

　　海德格尔曾说过"诗意地栖居在大地上"，海子向往"面朝大海，春暖花开"。这是很多文艺青年的生活理想。但在工业文明和信息技术飞速发展的今天，人们的生活日渐刻板化和碎片化，节奏越来越快，压力越来越大，环境越来越恶劣。也许，唯有生活的艺术化和诗意化能够抵御这一切，就像高晓松说的"生活不止眼前的苟且，还有诗和远方"。

　　那么，我们就出发吧，去寻找"诗和远方"，寻找理想的文艺生活，寻找那些如珍珠般散落在大地上的文艺客栈、餐厅、咖啡馆、书店、小店和街区。

　　为此，《旅游圣经》编辑部派出六位颇具文艺气质的女性作者，分赴极具文艺范儿的北京、南京、苏州、杭州、成都、广州、深圳、厦门、大理、西安十座城市，实地探访文艺客栈、餐厅、咖啡馆、书店、小店和街区。她们在每座城市都选取最有代表性的地方进行了深入了解，每家客栈都试住过，每家餐厅和咖啡馆都品尝过，每家书店、小店和街区都细致考察过，最终，为读者奉献上了这套"旅行邂逅文艺范儿"。

　　在这套书中，文艺范儿无处不在。何谓文艺范儿，大概有以下几个特点：

　　设计性。有文艺，有气质，有腔调。无论中国风、北欧风还是复古风、工业风，都充满了设计感。

　　生活美学。仅有文艺是不够的，还要与生活结合，这才有了客栈、餐厅、书店、咖啡馆、小店、街区等。它们的主人不仅仅是老板，更多的是"生活家"、艺术家，将自己的生活美学融入店里，与客人分享。

　　独立性。不混同于大众，有鲜明的个性化风格。只有拥有独立的个性，才能有"范儿"，这种风格其实就是主人的性格。你住进这些客栈，去这些咖啡馆喝杯咖啡，去这些书店选本书，也许能和主人聊聊天，发现另一种理想生活。

　　希望亲爱的读者能在这套书的陪伴下，在旅行中找到自己的诗意生活。

《旅游圣经》主编　桑　磊

目　录

077 杭州

117 成都

141 广州

北京

北平小院——一座开满鲜花的房子

Sirena猫宿——地中海的风缓缓吹来

杏园四合院客栈——那年杏花微雨，我在杏园等你

北平北京站青年旅舍——伴着花儿的呢喃轻轻入梦

北平小院
——一座开满鲜花的房子

胡同深处，有一座四合院，若不是门口YHA（青年旅舍）的牌子提醒着这是一家客栈，很多人都会以为走错了地方，误入了一间花店。虽然已进入北京的深冬时节，但是满目的鲜花、甜蜜的芬芳，倒是有种春天般的感觉。这里是北平小院，一座开满鲜花的院子。

客栈特色

◎ 花香浓郁的公共空间
◎ 胡同里的四合院民宿
◎ 鲜花迎面的露台

胡同儿里花儿绽放

冬日的黄昏，行走在汪芝麻胡同、魏家胡同中，偶尔可见精美的砖雕、气派的朱门楼子、粗壮的老槐树和扑面而来的京城古韵。路灯微黄，汪芝麻胡同中有座小巧的四合院，青砖雕花虽已不是旧时模样，但依稀可见昔日古建风韵。朱门轻启，透过门缝隐约可听到欢声笑语，迎面而来的暖风中有温润的植物的芬芳，这里便是北平小院，一座四合院青旅，更是一座开满鲜花的房子，恍惚间似乎看到了曾经盛名的马辉堂花园的影子。

到达旅舍的时候还差两天就是圣诞节，这里自然是布置了一番，一派浓烈的节日气息。绿色的柏树摆放在吧台旁边，树梢上插着艳丽的红色星星，侧边的枝叶上挂着应景的雪花，这些圣诞节日的装饰不足为奇，让人惊讶的是遍布公共空间中的绿植和芬芳的鲜花。因是冬季，鲜花的种类并不繁多，粉紫色的蝴蝶兰最是美丽，花瓣似蝴蝶的翅膀

老式四合院经过改造换了新的模样

客房经过改造，温暖舒适，橘黄色的灯光倍感温馨

微微张开，似乎就要展翅翻飞。自然风干的一簇簇小巧的花被挂在了梁木上，白色的、粉色的紧紧地挨在一起，彼此温暖着寒冬。最养眼的是我不知道名字的各种绿植，郁郁葱葱，把小院装扮成了热带雨林，枝干有粗壮的两米多高的，也有摆在桌子上小巧一盆的，叶子有手掌般大小的，也有指甲般大小的，虽然不似鲜花般艳丽多姿，但清丽的颜色增添了冬日的风情，有暖暖的诗意。

提起老胡同里的旅舍，总会给人一种低劣破旧的感觉，若是这繁花似锦、绿意盎然的公共空间惊艳了你，还有更多的细节会让你对这家旅舍刮目相看。客房经过改造，温暖舒适，有大大的露台，可以想象秋夜里坐在藤椅上嗅着花香仰望星空的情景是多么的惬意。作为一家青年旅舍，在提供舒适的住宿条件的同时，良好的交流空间更是不可或缺的。于是，北平小院的花房客厅俨然成为最美的交流空间。实木的长桌子，可供静静看书，也可供两三好友共享精致的菜肴；柔软的沙发和炕铺更是惬意，手握一杯咖啡，想想便觉岁月静好；台球桌是一大亮点，游玩的客人不似游戏室里那般混杂，只有轻言轻语的沟通与款款笑意。

一位喜爱鲜花的姑娘

人们都说，房间的布置最能体现主人的心性，那么这个繁花似锦的小院自是有位喜爱鲜花又像极了可爱的花朵的主人。老板是个蒙古族姑娘，有个有趣的昵称叫作睫毛，

1 ｜ 2 ｜ 3

1. 实木的长桌子，可供静静看书，也可供两三好友共享精致的菜肴
2. 开阔的公共空间，有舒适的沙发，尽享一段静谧时光
3. 客人留下的漫画与涂鸦，这里是旅途中最美好的停留

源于其有着众多女孩羡慕的浓浓的、弯弯的眼睫毛。睫毛爱花，是每位客人都知道的事情，不必见到本人，只需看满屋摇曳着的花枝便知道了。

睫毛现在在北京拥有三家青旅、一家民宿、一间咖啡馆，而其第一家青旅早在2007年就登上了《国家地理杂志》，同年又被英国《卫报》评为全球最酷最时尚的青年旅舍。睫毛的开店历程有点传奇，据说从北京传媒大学毕业后，她便四处旅游，因常入住青旅而有了开一家青旅的想法。后来，回到北京便和朋友开始了选址的艰难历程，买报纸、逛胡同、谈价钱，最终在借了50万资金后开了第一家青旅。

曾看过一篇讲述睫毛和她的旅舍的文章，文中这样写道："回忆那一段无知无畏、无所畏惧的时光，那是一段闪着光的筑梦经历，正如睫毛自己所说：哪怕在任何一个环

1 | 2
1. 木桌上的橘子树硕果累累，十分讨喜
2. 这里不仅有盛开着的花朵，还有芬芳浓郁的花草茶

节屈服，老天想帮你都无从下手了吧。"

　　想起之前在睫毛的微博上看到的她的一张照片，在明亮的向日葵花海中，睫毛笑得灿烂，阳光肆意地洒在向日葵和睫毛的脸上，色彩跳跃，让人倍感温暖。那时我就想，若是用一种花来形容睫毛，一定是热烈的向日葵，爱笑，活泼，没有花的娇气，却有着对生活乐观积极、勇往直前的态度，看着便会觉得暖暖的幸福。

客栈资讯

- 地　　址：北京市东城区东四北大街汪芝麻胡同甲28号
- 电　　话：010-84048787
- 预订方式：网络/电话
- 房间价格：多人间床位80～140元，标间/大床房400～500元五道营胡同里有一座地中海蓝白色调的三层小楼，开放式的露台上繁花似锦，有十几只各色猫咪慵懒地漫着步，两只白色萨摩耶追逐着一条小土狗。坐在木椅上喝上一杯猫咪咖啡，或躺在客房里的蓝色沙发里翻看一本杂志，虽身处闹市，却远离喧嚣，仿若时光都带着惬意。这里是Sirena猫宿，五道营最不可错过的驿站。

客栈特色

◎ 地中海风格的房间
◎ 超大超美的露台
◎ 两只萨摩耶萌萌哒

小猫咪的世外桃源

Sirena猫宿是一家地中海风格的民宿，处在五道营胡同中段，蓝白色的三层小楼很是显眼。路过的时候，可能会被突然蹿出的两只白色萨摩耶吸引，雪白的颜色、蓬松的毛发，似两个移动的大雪球，天真无邪的笑容让人倍感温暖。如果走上天台，会发现那里是猫咪的乐园，灰色的、黄色的、白色的各色猫咪悠闲地踱着步子，甚是骄傲。它们在花盆里、地板上、桌椅间躺着、趴着、跳跃着，遇到喜欢的客人，就黏在身边不动了。微风袭来，花影摇曳，弥漫着芬芳的露台俨然成了猫咪们的世外桃源。

客栈初始经营时并未打算以猫咪为主题，猫咪的聚集不仅是缘分更因爱意。这里的猫咪并没有名贵的身份，大多是流浪在胡同里的小野猫，其中有胆大的时常来客栈溜达，老板不忍驱逐，又施以猫粮，日子久了猫咪便变成了客栈大家庭中的一员，在这里久居下来。

客栈里的萨摩耶，不闹的时候喜欢缩在角落里睡大觉

1 | 2
  | 3

1. 客栈的床位间皆在这处院落里，木门被涂上了海蓝色，独具一番情趣
2. 两位猫友惺惺相惜，有花前无月下，也是独特的浪漫
3. 咖啡的香味吸引了猫咪

　　坐在露台上，晚风袭来，点上一杯猫咪咖啡最好不过。猫咪咖啡的味道与其他咖啡并没有太大差别，只是浓密的泡沫上浮着可爱猫头图案的拉花，尖尖的耳朵、几条小胡须、溜溜的圆眼睛，虽然简单，倒是活灵活现的。咖啡的香味有时会吸引猫咪很是好奇地凑过来想要尝一尝。喝着咖啡，逗逗猫咪，这才是猫咪咖啡最好的品尝方法吧。

　　这里除了猫咪小主，两只萨摩耶也深受客人喜爱。它们不似猫咪总是在天台活动，你可以在任何一个角落看到它们雪白的身影。它们会突然跑到街道上闻一闻对面店铺的花朵，在天台上蹦跶着逗弄一只小土狗，或者在大厅溜达等待晚归的房客，又或者安静地蜷缩在长椅后的角落里打着盹儿。猫咪与狗狗，在这里和谐共处着、嬉闹着，给客栈增添了生机与欢乐。后来得知，客栈又多了一只萨摩耶，三只狗狗与十几只猫咪组成的豪华服务团，不知又要温暖多少停留在此的游客的心。

面朝大海，春暖花开

　　作为一家客栈，舒适的居住空间必不可少。不论是带床位的多人间还是大空间的阳

1 | 2 | 3　　1. 带着透明质感的蓝色马赛克贴满了浴室的墙面，在灯光的照耀下熠熠生辉
　　　　　　　2. 两扇蓝红条纹相间的床帘一拉，便是自己的小空间
　　　　　　　3. 大厅的一面墙壁上贴满了天南海北的明信片

光房，室内精心的装饰总会给人以清新温柔的舒适感，细节及配色更是将地中海风格展现得淋漓尽致。

推门步入房间，海蓝色的墙壁、阳台上盛开的花朵，仿若海子诗歌中描述的一般，"面朝大海，春暖花开"。白色的欧式大床、纯白色的床单，纯净如同地中海的沙滩；柔软的被子、蓝白相间的床旗、飘逸的纱帘，每个细节都洋溢着清新与温柔。

阳光早已散漫在每一个角落，房间的独立阳台上光影斑驳。黄昏时分，坐在柔软的木椅上，闻着白色瓷瓶里若有若无的花香，只愿时光可以走得慢点，再慢点。

即便是多人床位间，也没有丝毫的马虎。带着透明质感的蓝色马赛克贴满了浴室的墙面，在灯光的照耀下熠熠生辉；壁灯也是多彩的颜色，光线柔和又浪漫；每个床位都有盏嵌入式的床头灯，一如电影中水手们床前的那一盏；靠墙的一侧都开有一扇明亮的小窗，海蓝色的窗帘，代入感十足；对于床位间的隐私问题，店家也是格外细心，两扇蓝红条纹相间的床帘一拉，便是自己的小空间，置身其中，仿若是远航邮轮中的水手，随着波浪驶向远方。

客栈资讯

- 地　　址：北京市东城区雍和宫五道营胡同65号
- 电　　话：010-84083483
- 预订方式：网络/电话
- 房间价格：多人间床位88～149元，标间/大床房328～380元

杏园四合院客栈

——那年杏花微雨，我在杏园等你

三月天里，漫步在草厂北巷胡同中，如果你远远看到一棵高大的杏树，杏花随风翩飞，那么你准是到了杏园四合院客栈。青砖黛瓦依旧，朱门上树影斑驳，仿若门内是另一个年代的时光，这家小小的客栈，美好得让人难以忘怀。

客栈特色

- ◎ 百年杏花树下的芬芳小院
- ◎ 极度好客的金毛一郎
- ◎ 融汇多元文化

那年杏花微雨

"那年杏花微雨……"是《甄嬛传》里的一句台词，不知勾起几多年少时光的恋恋往事，一如所有的初见都是美妙绝伦，所有的初恋都是甜蜜的忧伤。

如果有一家客栈，可以让你想到年少的恋爱时光，我想大概只有杏园四合院客栈才够得上。三月天，杏花飘雪，杏园四合院客栈的名字便取自院中这棵繁茂的百年杏树。若是恰逢暮春时节，清淡的芬芳在院子里若隐若现，此刻什么都不用做，只管倚靠在杏树旁，便觉时光清浅，岁月静好。不知你是否会想起，若干年前的暮春时光，你喜欢的那个姑娘，她一低头的温柔似杏花芬芳；或是那位白衣翩翩的少年，他的微笑如春日暖阳。

踏着木梯走上架子床，床下的小客厅就如蓝色港湾一般，夏日晚间凉风袭来，说不定还带着海水的湿咸

$\dfrac{1}{2}$　1. 小轩窗，正梳妆

2. "花间"里，古朴雅致的陈设

这里是最有喜气年味的房间了

小轩窗，正梳妆

　　小院共有五间客房，每一间的主题都不相同，但都是主人精心设计的，别具特色。有一间名曰"花间"，雕花的架子床，让人感到仿若穿越到古代一般，小轩窗，正梳妆，微黄的宫廷落地灯下，最适合读一本古典小说，也不知谁家小姐恋上了谁家公子。

　　地中海风格的阁楼房"海市"是文艺小清新的最爱，蓝白的色调很是清凉，还有贝壳、海螺、游泳圈和缆绳。踏着木梯走上架子床，楼下的小客厅就如蓝色港湾一般，夏日晚间凉风袭来，说不定还带着海水的湿咸。

"田家"是一间西北风格的主题房，这里没床只有炕。绿色的柜子上放着大红色的虎头鞋和虎头枕，仿佛是小时候收到的礼物。墙面的背景画也是老板专门从陕西带回来的，只为体现最质朴原始的风情。

肖先生的客栈梦

老板肖先生颇具浪漫主义情怀，他告诉我说："我们的房间里都没有安装电视，因为想要给客人更多交流的机会。"所以，这个四合院会不定期举办很多有趣的活动，如京剧、书法、太极、摄影、观影、民谣等。所以我一点都不奇怪，在这个面积不算大的四合院，除了客房，还有一间迷你的多功能地下室，既是书吧、酒吧、电影放映厅，也是摄影棚、桌游吧、游戏厅。遇到运气好的时候，肖先生也会拨弄着吉他低声弹唱。

在跟肖先生聊天的时候，一郎就静静地趴在脚边，乖乖的模样。一郎是一只大金毛，还记得刚进门时，就是它兴冲冲地跑出来围着我直转圈，全然不顾我是第一次登门的陌生人。怪不得老板要在门上贴一张它的卡通画，说道："Please don't let the dog out.No matter what it tells you!"估计生怕这只自来熟的大金毛跑出去玩耍记不得回来的路。

肖先生也是一位旅行爱好者，在没有开这家客栈前，已去过很多城市，住过很多客栈，有时做做义工，一待就是好久。喜欢旅行的人大多心里都会有客栈情结，当肖先生有了自己的客栈，也总想要把它变得略微不同，在为客人提供舒适整洁的入住环境的同时，多元化的文化活动更是锦上添花，呈现了生活更多的可能性。客栈不是梦想的终点，只是梦想的开始。

将要离开客栈时，一郎趴在主人脚边睡得正香，傍晚的风吹过，杏树的叶子哗哗作响。有人轻声敲门，一郎立刻又兴奋了起来，冲到门口欢迎客人的到来。这是一位从宝岛台湾远道而来的女生，我们相视一笑，纵使不相识，但我敢肯定，住在杏园四合院客栈，她的北京之行也定会美好而难忘。

客栈资讯

■ 地　　　址：北京市东城区草厂北巷24号
■ 电　　　话：010-84084796
■ 预订方式：网络/电话
■ 房间价格：338～498元

初夏的夜晚，风缓缓吹来，白色的慢帘若隐若现，百合花的清香飘来。蜡烛已经点燃，烛火跳跃，花影摇曳。小庭院里，有游鱼戏水，抬头可仰望星空。这里是北平北京站青年旅舍，在灯火辉煌的城市中心，开辟出一个芬芳馥郁的小小花园，让人只愿时光慢走、岁月静好。

北平北京站青年旅舍

——伴着花儿的呢喃轻轻入梦

客栈特色

◎ 四合院式花园客栈，浪漫又温馨
◎ 院落里的山楂树与老城墙彼此守候
◎ 前台温柔而有礼貌
◎ 有很多外国客人入住

一抹黄，点点桃红相间，我把春天送到你面前

最早知道北平北京站青年旅舍是因为她的姊妹店——位于南锣鼓巷的北平国际和北平咖啡。某个傍晚溜达至南锣鼓巷，在人山人海中一眼就看到这家客栈里的咖啡馆。玻璃窗外，鲜花怒放，有藤萝攀爬上玻璃窗旁的墙面，在晚风的轻抚下，枝叶摇曳，仿佛空气都带着森林里的清香。于是，我鬼使神差般拿出手机，打开许久不用的微博，顺带着关注了北平北京站青年旅舍。

"一抹黄，点点桃红相间，君子和女子，一南一北在此碰头……"这是我在北平北京站青年旅舍的微博上看到的第一条信息。配图里，明亮温暖的连翘与温婉娇羞的海棠，一黄一粉交相呼应。这是店主刚刚为客栈搭配的鲜花，像是送给来不及赏春的客人的一份美好礼物，让春天一点一点开遍整个客栈。

碧绿的翠竹簇拥着木门，缓缓推开，便打开了一条通向春天的通道

1
—
2

1. 庭院外的客房，每一间的门牌上都种着小巧的多肉精灵，是给予客人最美的馈赠
2. 在一个开满花朵的小院里邂逅两三爱花惜花的新朋友，会是雨后春天最美的记忆

1
—
2 | 3

1. 桌上百合静静绽放，散发出迷人的芬芳
2. 依偎在看似枯朽木柱上的干花更显出一种时光沉淀的美丽
3. 临窗小角落也是花影摇曳，是带着温度的美好

初次探访北平北京站青年旅舍是在一个初夏的傍晚，北京下起了小雨，洋洋洒洒。我撑着雨伞，穿过人潮汹涌的王府井，路过灯火辉煌的高级写字楼与奢侈品店铺，拐进一条小胡同。有准备做饭的大妈从小卖部买回一瓶酱油，老板大爷调侃地说，做好了红烧肉给他也尝一块，我忍不住在心里偷偷笑了一会儿。还没收住心底的笑意，一抬眼便看到了北平北京站青年旅舍的门厅，绿色的木门，碧绿的翠竹，在灰色的胡同里十分显眼。我小心翼翼地按了门铃，绿色木门缓缓开启，仿佛是打开了通向春天的通道。

听花朵绽放的声音

大厅里布满了鲜花，服务生围坐在一张木桌前剪枝、插花，地上散落着被修剪掉的花枝。趁着大家打理鲜花，我仔细打量着周围。前厅里古朴的梁木，已经上了年纪，有种历史的沧桑感。梁柱上插着已经风干了的花枝，对比瓶中颜色鲜艳的鲜花，是一种时光沉淀的美丽。棕色的屏风上有精致的镂空，透过缝隙光线变得迷离，让整个空间多了一抹古典气息。还有透明的玻璃瓶与烛台，当晚上点燃蜡烛时，烛火闪烁中应是另外一种风情。

剥开轻盈的白纱，穿到后院。院落里有旧砖搭建的围墙，据说是老城墙上的砖石，粗糙的纹理上依稀可见曾经刻在上面的文字，恍惚间让人有种穿越之感。庭院里有一棵上了年纪的山楂树，初夏时节的枝叶尚未繁茂，淋着雨水更显落寞，倒是开在庭院中的花朵在雨水的洗涤下愈发娇艳。

一辆永久牌自行车停放在靠墙的位置，奶油色的烤漆，大大的车筐，让人忍不住想象骑它载满鲜花、叮当着铃铛穿越老胡同的画面，那一定会美好得不得了。

庭院后就是客房，共有九间。每一间的门牌上都种植着小巧的多肉，这本身就是一处精致的风景。据说这里曾经是老招待所，所以店主说，这家客栈只是"老店新开"。娇艳的花朵、舒适的布草、浪漫的空间，这里俨然是一处梦想中的花园，似乎晚间是伴着花儿的呢喃轻轻入梦的。

桂花菊花茶，温度刚刚好

晚间回到前厅时，除了前台，只有两位女生慵懒地缩在沙发里，轻言细语聊着天。一位女生看到我过来，热情地递给我一杯茶，菊花花瓣已展开，沉落其间的桂花十分可爱，幽幽散发着缕缕香气。

轻松温暖的氛围一直是我钟爱青年旅舍的一大理由，一如此时。陌生的房客来自天南海北，在此之前我们从未谋面，可因为一次短暂的停留，却在彼此生命中留下了

$\dfrac{1}{2}$ 1. 老城墙的砖石上依稀可以看到制作者留下的签名，在花朵的映衬下更显沧桑
2. 红砖墙的干草在春暖花开的小院里，呈现出一幅金秋才有的画面

一段美好的回忆。

　　两位女孩一位是教设计的老师，一位是软装设计师，两人特别喜欢花朵，爱美也爱生活。问起她们入住北平北京站青年旅舍的理由，她们的回答倒是有些让我惊讶。她们知道这家青旅的途径并非通过青旅官方网站，也不是通过网络上旅行者们的分享，而是读过一本有关家居美学的杂志，里面介绍了这家客栈的主人，于是，一场鲜花之旅就此拉开了序幕。

　　北平北京站青年旅舍，对于旅行者来说，是一处落脚的地方，是一个可以安心舒睡和自由沟通的休憩之所；对于花艺爱好者来说，是一次心灵的栖息，是一段可以感受花艺美好、聆听鲜花绽放的旅途。

客栈资讯

- 地　　址：北京市东城区苏州胡同2号楼北面
- 电　　话：010-65280599
- 预订方式：电话/青旅官网
- 房间价格：多人间床位120元，标间/大床房450元

南京

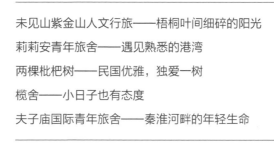

未见山紫金山人文行旅
——梧桐叶间细碎的阳光

紫金山在南京，像一幅浓艳的油画。走进紫金山，城市的繁华转瞬即逝，随之而来的是铺天盖地的梧桐林。林中藏着一座绿意浸染的客栈——未见山紫金山人文行旅。这是一幢民国豪门别院，走进它，触摸它，更能知道它的美。

客栈特色

◎ 与自然亲近栖居
◎ 诗意的苏式园林风格

一座未见的山

"未见山"的名字从何而来。未见山自己解释道，每个人的心，都是眼睛看不到的山。未见山紫金山人文行旅，就是想在人们心头的山与自然之间架起一座桥梁，通往眼睛，通往触觉，看见这个世界，看见自然的美好。未见山的初心，是想让人们领会人与自然的和谐相处之道，也是想让人们明白，远离尘嚣、栖居自然，是一件多美好的事。

因为这个初心，未见山在紫金山上描绘了一个栖居山林间的梦。山中一座小院，每日养花种草，晒太阳沐月光。春天院里郁郁葱葱，夏天院中溢出蔷薇，秋天梧桐浸染，冬天萧瑟沉静。

未见山，勾勒着一个山中隐居的梦想，离群避世，诗意地活在草木间。

未见山的客房分成六块区域：清凉、翠屏、无想、北崮、幕府、聚宝。酒店大堂和餐厅，也分别拥有禅意的名字——见朴和伴山。这些作为名字的字眼，每一个都十分美好，从这里，就能看出未见山的卓绝品位。

小叩柴门，看见未见山

把山中的院落放在客舍里，把客舍放在山里，这就是未见山。

推开一扇厚重的木制大门，铜环门把手古朴又庄重。进入这座小小的院子，石板铺在浅草当中，花儿渐次开放。蝴蝶花的鹅黄如秋日晚霞落尽后的一丝天色；鸢尾蓝得发紫，有丝绒绸缎般的妩媚光泽；攀爬着篱笆的蔷薇，小巧却精美，炫耀着惹眼的红，一层茜色，一层绛色，如同舞女华丽的裙裾。

这个小院草木繁茂，和你期许的那个美好之境一样。石板小径的尽头，大大的玻璃落地窗，浅蓝色的木门，那里有着温暖的床和甜美的梦。

森林中的诗意客居

未见山的主人，一定是富有诗意的。

1｜2　　1. 远离喧嚣，在这个梧桐密布的地方，有一个属于自己的院落
　　　　2. 未见山的每一间客房都有一个独一无二的名字

　　这样富有诗意的主人才会为每个房间都配上独一无二的小院子。我也从没见过有这么多园林式景观小院的客舍，几乎处处都是院落，每一个角落都别具匠心。

　　远离城市喧嚣与纷扰的小院，静静地坐落在山林之中。清晨，被鸟鸣唤醒，伴山餐厅里的精致早点开始触动你的味蕾。夜晚，梧桐树上的蝉伴着沉睡的呼吸声，月光洒在青石板上，照亮一场好梦。

　　躺在柔软洁白的床铺上，就可以看见麻雀在石板路上蹦跳，雨后水洼是它们饮水的小塘。螽斯一身的翠绿，长长的触角悬在植物的嫩芽上。桃树悄然结下它小小的果实，只待雨露阳光给予它甜美与清香。

　　房间里大大的玻璃落地窗，让你安静地看这个绿色小世界，不去打扰那园中的生

灵。山中的院落从不见凋敝，总是这样欣欣向荣，风揉弄着梧桐的叶，花儿晒着它的蕊，有那么一瞬间，你坐在院子里的藤椅上，什么也不做，只将满园春色收入眼中，就十分美好。

古朴简单的房间，清雅幽静的小院。

这样的客舍，如此令人迷恋，客人们用上一整天看花看草，都不愿离开。

未见山的主人把一个关于山居与梦的童话织就在梧桐下，年年岁岁等梧桐花儿开，岁岁年年等南风又吹来。每一个在此短暂停留过的旅人，与未见山仿佛结下了什么种子，说不清道不明，却那么美那么模糊，也许是心里那座看不见的山终于解开了某种羁绊。

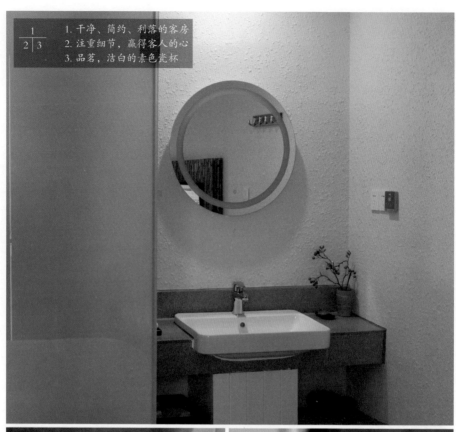

1 | 2 | 3
1. 干净、简约、利落的客房
2. 注重细节，赢得客人的心
3. 品茗，洁白的素色瓷杯

客栈资讯

- 地　　址：南京市玄武区中山门外石象路7号钟山风景名胜区头陀岭景区内
- 电　　话：025-85567299
- 预订方式：网络/电话
- 房间价格：493～850元

莉莉安青年旅舍

——遇见熟悉的港湾

"莉莉安"本是一首歌的名字，歌里有一个名叫莉莉安的女子，而我初见莉莉安青年旅舍的女主人，她就笑着问我有没有听过《莉莉安》。这是一个愉快的巧合，我从此记住了那首歌，也记住了这家客舍。其实，比起这家客舍，更难得的是女主人莉莉安虔诚的心。她对待这个旅舍、对待生活是如此认真，所以旅舍才有如此令人印象深刻的纤尘不染、窗明几净。

客栈特色

◎ 女主人莉莉安独具魅力
◎ 旅舍的品质较高

莉莉安的精致生活

莉莉安青年旅舍是民居楼里的一套大跃层房间，干干净净的冷色基调，有着一点北欧式的简约之美。莉莉安本人也是一个简单明媚的女子，热爱旅行的她悉心打理着这个旅舍，纤尘不染，静美淡然。

同时，莉莉安也是一个极其重视生活品质的人。她说，人的一天要从一份精致的早餐开始。在旅舍下榻的客人，每天清晨都能吃到莉莉安妈妈亲手做的早餐，一碗热气腾腾的米粥、一份精致的小菜，还有新鲜的时令水果，就是这样温暖的细节让人深深迷恋上了这里。

旅舍每层只有三个房间，每个房间都有洁白柔软的床铺、漂亮的吊灯和小巧的陈设。因为她是个热爱生活的女子，所以旅舍的每个角落都干净明亮，卫浴也花了许多的心思，文艺风格的摆件都经过精心的挑选。每一个客人都能感觉到女主人近乎吹毛求疵的整洁，洁白的床铺总有芳香，浴室的白瓷砖永远剔透干爽，门窗不染纤尘，玻璃瓶里

这里有书，有温暖的床铺

老板娘的小趣味，放在房间里很有灵气

的花儿总沾着露珠。

　　莉莉安青年旅舍不但是旅人在这个城市的归宿，也是莉莉安自己的家。只有把旅舍作为家一样来打理，这个旅舍才能真正有灵魂，才能成为温暖的避风塘与恬静的港湾。

　　我喜欢莉莉安青年旅舍里精致生活的感觉，二层的小书吧，落地窗前的健身房，一个小小的阁楼室内只摆着茶几和座椅。离开莉莉安青年旅舍的那天清晨，南京正下着大雨，窗外的世界滴滴答答，车水马龙，喧嚣不息，可莉莉安青年旅社里只有一点点翻书的声响，书桌上的一盆红豆长势喜人，阿姨煮的白粥溢出浓郁的米香。短短时间里，我也深深陷入莉莉安青年旅舍的美好中，感动于相遇，感激在这个浮躁的人间，你给我如此纯粹静谧的回应。

没有野心的梦想家

　　莉莉安总说，这样就足够美好了。

　　莉莉安说，其实做旅舍这件事，也是为了圆自己一个行走远方的梦。所以，才有了莉莉安青年旅舍。

　　她说，如果自己不能时时生活在别处，那么听听生活在别处的人们讲他们自己的故事也很好。有了这间客舍之后，莉莉安听了许多天南海北的故事，那些故事里有她心心念念的苍山大海，有风花雪月，有高原佛心，有年轻和疯狂，有孤独和寂寞，有相伴和

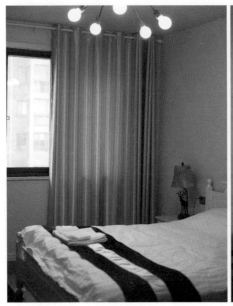

1 | 2　　1. 干净，舒服，像家一样
　　　　2. 每天早上有莉莉安妈妈的早餐和一个大大的微笑

欢愉，不同的人在不同的路上发生千万种故事。和他们一同感动、憧憬、做梦，是最让莉莉安开心的事。

　　就这样，她拥有了那么多远方的朋友，这就足够美好了。甚至没有想过真正用旅舍来谋生，这里只是一个关于梦想的地方，关于莉莉安和每个在莉莉安青年旅舍短暂停留过的旅人们的梦想。就让它这样不食人间烟火也无关紧要，除了六便士，有时候也要在乎那纯净的月光。然而，即便是这样懈怠于将旅舍广而告之，还是有不少年轻人慕名而来。也许人们口口相传，也足以让璞玉闪闪发光。

客栈资讯

■　地　　　址：南京市浦口区浦珠北路139号万江共和新城
　　　　　　　　天和苑26栋2单元5楼
■　电　　　话：13951859879
■　预订方式：网络/电话
■　房间价格：128～172元

两棵枇杷树

—— 民国优雅，独爱一树

城南老门东，一块清静之地，有家客栈因院中两棵枇杷树而得名。总体是简约大气的民国风，不但有浓郁的中式风情，还夹杂着些许西洋的韵致，不但沉静，而且优雅，还有不见锋芒的华贵气质，看似简约的利落中藏着彰显品格的细节。

客栈特色

◎ 民国风的怀旧客栈
◎ 花园里的精致美感

简约而不简单

朝着城墙下的巷子走去，一栋灰砖红窗的小洋楼赫然出现在眼前。洋楼里套着个院子，院子里长着两棵壮硕的枇杷树。

客栈的前门是个咖啡店，下榻的客人在这里喝喝茶，窗外的月季开得正艳，浅粉鹅黄甚是好看。一杯薄荷柠檬茶，一枝头芳香的蔷薇，一个老门东的午后，时光静好大约就是这般滋味。

院子当中有间玻璃房，作为客栈的公共休息厅。每到正午时分，玻璃房里日光充裕，抬头就能循着鸽哨的长音遇上盘旋在城南天空的鸽子，有时羽毛落在了院子里，忽而又被风吹到空中去了。

院子是就着两棵枇杷树来改造的，中间树木生长的空间仍有富余。为此，客房之间就紧凑了一些。我被安排在推开窗就能看见树枝在风中向我招手的房间，另一扇窗则恰好是老门东那些旧巷子的屋顶，青砖瓦一片一片地叠着，缝隙里藏着看不太真切的绿意。

1 | 1. 灰色的小洋楼，简约而不简单的客栈
2 | 3
2. 卸下肩上的背包，旅廊的小憩之处
3. 客栈前台，同时也是吧台，点一杯茶
坐在窗前品尝老门东的味道

不一样的柔软，民国风的优雅

斑驳也一样美好，充满老时光的感觉

房间里的民国风吊扇很漂亮，床头灯也做得精致。关于客栈里的物件，初来乍到的客人也许并不能领会摆放的奥义，就像人与人相处也需要时间磨合一般。一夜过去，清晨一睁眼就看到屋檐上跳跃的小鸟，前一夜下了雨，伴随着雨声和窗外昏黄的灯光，时不时有人走过。至此，老板的心意我才明白那么一点儿，任凭窗外风雨声，这间客栈给你的永远是一个好梦，以及梦醒时扑在睫毛上的暖阳。

整个房间有股浑然天成的沉静，让旅人因舟车劳顿而生的倦意消失殆尽。大床洁白柔软，房间里尽可能使用温暖的颜色与木制家具，除了显露民国风的质感外，还有一丝入骨的温情。浴室空间很大，采光也足，干湿分离，宽敞明亮的空间让客人感到舒适。

枇杷树与客栈的情缘

我常常觉得，客栈要分两部分来介绍，人文部分和硬件部分。

简约或许是两棵枇杷树的硬件概念，朴实就是它的态度。民国风一定是需要品质的，然而这些品质要体现在细节里，不能显山露水，要看似朴实，却有千秋，否则就成了浮夸，反而廉价。两棵枇杷树的气质很淡然，像南京这座城一样，不疾不徐，不紧不慢，与世无争，处变不惊。

两棵枇杷树这间客栈，所有的人文精神都在那两棵树上了。主人爱树，所以院子也

等枇杷熟了，窗外的果香就能唤醒你

要依着它们的长势来修建。这个小院朴实无华，却干净明亮，设计藏在一砖一瓦里，品质藏在民国风的房檐下，从院子里的两棵枇杷树开始，传递着一种很朴实的生活价值。我们无须把真正的美好吆喝着广而告之，与其把它当作噱头，不如沉下心享受。那么，这美好就真正属于你了，你也能真正领会那份奥义。

其实在南京，经常见到枇杷树，然而真正从赏玩的小树长到这般枝粗叶茂的却少见。正值人间四月天，枇杷的果子未成熟，在枝头嫩绿的一团一团，煞是可爱。

两棵枇杷树，城墙根儿的一方小天地，说它简约也好，说它朴实也好，其实都是南京城里多见的气质。行走在人间的旅人，怀揣一颗体认南京的心而来，在温暖明媚的两棵枇杷树就足以感受到全部了。

客栈资讯

- 地　　址：南京市秦淮区浦老门东边营3号
- 电　　话：025-58991357
- 预订方式：网络/电话
- 房间价格：多人间床位80元，房间388～488元

榄舍

——小日子也有态度

榄舍，一个注重态度的民宿，虽然它深藏在都市之中，但不妨碍在这冰冷的钢铁森林中发光发热。榄舍的文艺气息像是浮世的一阵清风，用它别具一格的色彩美学向人们诠释：年轻就是要多彩，青春就是要张扬，生活就是要有态度。

客栈特色

◎ 有腔调的艳丽民宿
◎ 温馨如家的平凡气息

榄舍是个充满希冀的地方

主人在经营客栈时，其实也是在经营自己的梦想。

理想的样子被具体化到这间屋子里来，大到墙的颜色、沙发的角度、落地窗的纱质窗帘，小到厨房里的一只碗、卧室里的一幅画、瓶中的一枝插花。

榄舍是个有态度的民宿，三个年轻人分别用自己名字的首字母创造了"LEN榄"这样一个梦想。画着橄榄枝的Logo，有一种平和亲近的好看，而榄舍这个家也确实给所有客人宾至如归的感觉。

客厅的吧台上，厚厚的留言本里写满了过客的只言片语，透露着对榄舍深切的热爱。如果对生活里的"小确幸"没有感悟，如果由那些色彩斑斓的墙壁看不到主人的用心良苦，如果不是和每个人心里的那个不完美却最完美的家有着千丝万缕的共鸣，榄舍

Scorpio   10/24 - 11/22

Virgo   08/23 - 09/22

Libra   09/23 - 10/23

Taurus   04/20 - 05/20

Aquarius   01/20 - 02/18

壁画风格迥异，却又很有趣

1 | 1. 有点小女生宿舍的样子，淡蓝色的小清新画风
2 | 3 | 2. 床头的油画彰显出主人的品位，每一处都很和谐
3. 颇有设计感的吊灯很惹眼

一定不能收获这样多的赞美。

　　旅人在一个城市游走，唯有在像家的地方，才能明白那些繁华和尘嚣不过是障眼法，温暖埋藏在这座城市所有霓虹灯下的卷帘门里。那些真实的南京记忆，既不冷漠，也不疏离，永远在一碗热气腾腾的鸭血粉丝汤里，在榄舍给予的充满安全感的甜梦里。

亚麻靠垫，一小块温暖，一小片阳光

客栈资讯

- 地　　址：南京市江宁区科学园莱茵路139号双赢花园小区
  11幢1101室
- 电　　话：13951997232
- 预订方式：网络（小猪短租）
- 房间价格：280～990元

夫子庙国际青年旅舍

——秦淮河畔的年轻生命

在秦淮河畔的一间青年旅舍里，能看到最美的南京夜色，能遇见最青春的故事。虽然它比不上豪华的酒店和精品客栈，但它拥有独特的美学，很有意义，也永远值得怀念。

客栈特色

◎ 南京最美夜景青旅
◎ 年轻人扎堆儿的文艺据点

流浪是青春的一场躁动

有人说，30岁以前不躁动，那么就不是真正的青春，但30岁以后还躁动，那么就不能真正而立。一个人，一只背包，流浪在陌生的城市，遇见气息相近的人，发生永远不知道结果的故事，才算是青春。庆幸的是，秦淮河畔的夫子庙国际青年旅舍，就有着满腔的躁动青春。

它就在夫子庙核心位置，秦淮河触手可及。一楼小小的服务台，是办理入住的地方，二层、三层全部是客房。青旅也许比不上客栈民宿精致，然而不那么精致才是青春本来的样子。几字形的回廊里有穿着拖鞋拿着牙缸的慵懒青年，有肩膀搭着毛巾塞着耳机的年轻女孩，吵吵闹闹、叽叽喳喳充满了生机与活力。

金陵向来诗情画意得紧，但这些20岁出头的少男少女在河畔弹起吉他唱起民谣，金

每一处都亲切，温暖得像家一样

陵与秦淮河，又是另一番样子。六人间里的小季喜欢给南京写各种各样文艺的句子，例如"生活不只眼前的苟且，还有咸酥饼和鸭血粉丝汤"。大学刚毕业在过间隔年的阿木从青海一路向东来到南京，从高原的冷清湖泊来看金陵的妩媚秦淮河。大布第一次独自离开北方的家乡，最爱的是琳琅满目的金陵小吃。一个小小的、简陋的房间却永远那么热闹，不知是这些天真的生命点缀了秦淮河的浪漫情愫，还是秦淮河点缀了他们无畏无惧、充满朝气的随性与洒脱。

露台上的女孩安

我最喜欢这里的露台，四层有个宽敞酒吧，一入夜就慵懒起来，光怪陆离的灯和看不清表情的歌手，缓缓地唱着南京说不清道不明的夜色。

掩映的静谧

$\dfrac{1}{2\ |\ 3}$

1. 相聚很开心，也不怕离别
2. 迷惑在这样的灯光下，设计很利落
3. 精心打造出的小清新画风，是时下年轻人都喜欢的

　　酒吧外场有极佳的视野，秦淮河水淙淙流过，画舫上的灯光模糊了一片水波，河面上影影绰绰的人，仿佛印象派油画一般不真实。

　　大约这里的夜，才是秦淮河最美的景致。

　　在高处的露台上站着，凝视河岸的繁华与热闹，身边却安静得只有吉他。看穿戴着蓑衣斗笠的船夫，看画舫的红灯与纱帐，看游人眼里的斑斓色块，看那些喜悦的姿态、孤独的神情，或是沉迷的眉眼。

在这家青旅，我遇见了来自台湾省的女孩安，她弹得一手好吉他，嗓音犹如金陵向晚的天色一样澄明。安说，她已经在这里住了许久，送走了一拨又一拨的朋友，又迎来一拨又一拨的朋友，在简单的六人间里，和许许多多同样年轻的生命发生着不同的羁绊。她没完没了地在露台上看着秦淮河发呆，看着游人来来去去，仿佛好奇的猫鼬，竖着脑袋四处打探。慢慢地，她就染上了秦淮河的颜色，多数时间是水波的光与影，下雨时就变得神秘起来，如遇上晴天，碧波就撞上细碎的阳光，在水面洒下一圈圈闪烁着的钻石。

我问过安，这样度日会不会枯乏，她却笑笑告诉我，河水是城市的命脉，有河流的城一定很有灵性。这样的青旅、这样的露台，对每一个南京的过客来说，已足够美好。在一个城市里泡着，不就是为了那城与人之间的灵性吗？

客栈资讯

- 地　　址：南京市秦淮区夫子庙平江府路68号
- 电　　话：025-86624133
- 预订方式：网络/电话
- 房间价格：多人间床位55～70元，房间188～228元

苏州

半字书社客栈

——伴诗伴字，书画人生

半字书社客栈坐落在苏州学士街，学士街这个名字有着江南读书人隽雅的气质，温润如玉，清凉如水，因而衬托得半字书社客栈这样诗情画意的地方更加有韵味。学士街和半字书社客栈，相遇得恰到好处。半字书社客栈看起来轻描淡写的门窗，如同苏州白底青花的旗袍，不见得惊艳万分，却经得住细细打量。

客栈特色

◎ 一半是书社一半是客栈

◎ 低调奢华的日式情结

半字书社

苏州是一个诗意的城市，如同诗里写的那样，"君到姑苏见，人家尽枕河"。蜿蜒在这个城市里的水流，把柔情与温婉浸润在苏州城的每一个角落。初见半字书社客栈，便觉得它拥有苏州这个城市的气质，淡然如同水墨画中的山居。白墙黑窗的三层小楼，玻璃上写着"半字"，一枚圆形方孔铜钱样式的图案是半字书社客栈的Logo。

书社门前悬挂着一枚小小的铜铃，若有清风徐来，就一声轻轻地响，像是江南常年雨水滴落的声音，不紧不慢地滴在这充满诗情画意的水乡的土壤中。

半字书社客栈，说它是客栈，也许更像书房。

如同它的名字一样，最初是一家书社，其实现在也还是一家书社。书社第一层留给来读书的客人，木制书架摆得很整齐，这里定期公映电影，举办读书会。我到半字书社客栈的那一天，恰巧遇见猫柠放映室放纪录片，同时也是年过六旬的摩托车手们参加"不老骑士"活动的交流会。其实，即便只是来读书喝茶，这里也是个极好的去

1 | | 1. 老板就这样日复一日地喝茶、画画、看
---|---
2 | 3 | 书，过着人人艳美的日子
| | 2. 窗外的风景
| | 3. 客厅正在放映纪录片

半字阅读一角，那只猫咪油画是客人送给老板的礼物

处，在日式的静谧恬淡当中，更能领会那句耳熟的话，"阅读本是寻常事，繁华静处觅知音"。

半字书社客栈的老板是四位年轻的80后半字先生，他们是学美术或学建筑的，或曾经在外企设计公司做设计。先生们买下了苏州学士街的这栋老房子，临着蜿蜒的小河、弯拱的石桥，每天清晨有鸟儿在香樟树与女贞树上鸣叫。学士街经年幽静，因明代大学士王鏊曾居住于此而得名，恰好，这样的街有半字这样的书社，正是相得益彰。

先生们的日常，大约就是诗、客、茶、画,半字书社客栈里随处可见的画作都出自先生们之手。这些作品都有各自的属性，到了半字书社客栈不妨去猜猜哪一幅画是出自哪一位作者之手。画如其人，只要和他们聊聊天，那些油画的辨识度就高了很多。做半字书社客栈的住客，也会染上先生们的书卷气。在楼下翻翻书，与一壶清茶消磨掉大半个午后，或是品味先生们的画作，就很容易贪恋这里的味道。

半字先生们的初衷，是将这里用作收藏古籍字画的地方。现在这里有不少古籍藏书，甚至是珍品孤本。先生们对多年精心收藏的古书很是骄傲，他们热爱古老的东西，在不起眼的大厅一角，就摆放着一个真正的老物件——香案。若是识货的人在窗外不经

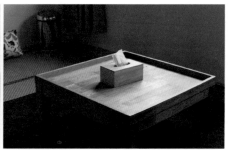

1 | 2　　1. 书社里的书
　　　　2. 传统的四叠半榻榻米、木制桌

意发现，也许都要推门而入细细观赏。

　　我时常觉得客栈出彩于细节，也就是人们所说的见微知著，半字书社客栈的细节就极其考究。四个老板有一套完整独立的美学理念，他们的客栈很有风格，却不至于锋芒毕露，而是给人内敛、细致的感觉，具有温柔的东方美感。这里有种难以言喻的魅力，人们一旦被触动，就很难自拔。

半字客舍

　　轻装修，重装饰，空间上没有累赘和复杂的设计，这种极简的线条与利落的陈设来自干净纯粹的北欧和日本传统的和室房屋。

　　半字书社客栈的六间客舍各有千秋，话本、笺注、行慢、耳语、品函、半糖。甚至名字都是点了题的，话本和笺注、品函都是与书相关的，行慢、半糖、耳语，恰恰是半字书社客栈想要传达的生活态度。

　　话本和行慢是和室复式房间。一层是六叠半的榻榻米，榻榻米上仅放一张矮几。房间开有巨大的落地窗，恰好可见窗外的女贞树沿河生长，绿意浓浓。二层是睡榻，棉质的床铺来自宜家，由先生们亲自精心挑选。话本里有先生们亲笔写的一首小诗，可见先生们是喜爱生活、追求品质之人，因此才会有半字书社这样优雅的客舍。

　　半糖与耳语是和室小房间，虽然略小了些，可主人们花费的心思没有丝毫削减，彩砖马赛克浴室与木制陈设架让两个小房间活泼了些，显得更加浪漫。品函与笺注有漂亮的日式玄关茶座。

　　每间客房里都有一台投影仪在无声地彰显品质，浴室里有价值过万的日本陶瓷马桶。低调朴实的外貌之下隐藏着一颗奢华的内心，这就是半字书社客栈内敛含蓄的处世之道。

1 | 2　1. 老板们的油画
　　　 2. 搁浅睡梦的床，宜家舒适的床单

半字半画，诗酒茶

　　30年前，我们旅行，那时可供旅人们休憩的只有冷硬的酒店。十年前，年轻人在路上创造了更多的可能，更低廉的价格和更多的伙伴，还有更浓郁旺盛的青春生命，于是有了青年旅舍。五年前，酒店与青旅之中衍生出了富有核心文化的独立客栈。三年前，独立客栈分出了精品客栈，同时也诞生了民宿。

　　在热爱给一切事物贴标签的当代社会，旅行的人们行走在路上时有了更多的选择，曾经只是一个下榻的床铺和棉被，现在也被赋予了更丰富的精神寓意。精品客栈和民宿愈发唯美、文艺、独立、愈发风格化，甚至多元化，而半字书社就是一个像书房的客栈，也是一个有客栈的书房。

　　我想，精品客栈除了硬件的完善，核心文化也是至关重要的。人们被这个客栈想要表达的情感所征服，认同它的理念，赞美它陈述的生活方式、它所表达的人生态度，这间客栈才被称为精品客栈，或者是文化客栈。

客栈资讯

■ 地　　址：苏州市姑苏区学士街193号
■ 电　　话：0512-65090944
■ 预订方式：网络/电话
■ 房间价格：288～408元

戴望舒的《雨巷》，撑着油纸伞的姑娘，那些关于江南的印象，仿佛在这一首诗里写尽了。而这苏州古老小巷里的丁香九号客栈，仿佛很久以前就该在那首诗中，幸好苏州的雨年年岁岁都会下，无论过多久，在那场江南的绵绵细雨中遇见丁香九号客栈都不算太晚。

客栈特色

◎ 九爷的个人魅力
◎ 有人情味的精品客舍

丁香的灵魂与九爷的心意

其实，把客栈外墙刷成蓝色、画上雨中小巷的老板，并不是我想象中那样出尘清雅、纤瘦寡言的南方姑娘。

而是一个十足的北方糙汉。

丁香九号客栈这样与江南柔情缱绻缠绵的名字，却也是直白到只是因为它坐落在丁香巷的9号。这世上哪有比苏州更加温婉的城，哪有比平江路更似江南的街，哪有比丁香巷更像戴望舒那首诗里的地方。这么多风花雪月的细枝末节，被高高大大、皮肤黝黑的老板串在一起，诗情画意就变得饶有趣味起来。

老板九爷颇有腔调，这老巷中的老房子被他相中之后，他陆陆续续花了一段时间，将它变成了丁香九号客栈。客栈里满满的江南小情调，丝绸棉麻，琴棋书画，小露台上看得见这一大片青瓦白墙的老屋，门口一口深深的古井，藤蔓植物顺着墙壁缓缓抽枝发芽。

1. 小坐在丁香九号客栈的阳台，一只小鸟儿茶龙跳入人的眼帘
2. 写字，看书，听雨，沉睡，这就是丁香九号的禅意

戴望舒的诗，细细读来，发现确实就是丁香九号客栈的样子

　　问起九爷为什么想到来苏州开一个客栈，九爷说，最初只是想让自己的朋友们在这个城市里有个地方可去，也喜欢苏州的味道。早些年，民宿还没有像雨后春笋一样密集出现，有品质的民宿更少，九爷算是第一批文化民宿的老板之一。

　　北漂过的九爷，曾经只身在寒冬腊月的北京难寻一张温暖的卧榻，正是因为这样，丁香九号客栈才倾注了他更多的心血。九爷虽然在经营客栈，但更多的是经营旅人与主人之间的关系，这是一种更感性、更有情怀的关系。四月的苏州，初夏未至，暮春未尽，江南烟雨淅淅沥沥，挟着微寒，此时九爷会在客栈烧上一壶水，煮一杯明前好茶，尽管这个有些粗糙的北方汉子不善于温柔的言语，却能暖起疲惫旅人的心。

　　九爷打理起客栈，像对待自己的孩子一样细心。露台上的花草繁盛茂密，全靠九爷的悉心呵护，那些细碎小瓷器与木雕物件也都一尘不落。前厅里一张古筝，少有人奏起，但琴弦却不忘时常调试，若有客人兴起而抚琴，搁置了许久的宫、商、角、徵、羽，仍然弹得出江南韵味儿。

1 | 2　　1. 从这个小二层可以远眺苏州老街的样子
　　　　2. 窗下的植物与花长势喜人

丁香花开在深而窄的雨巷

丁香九号客栈里有一间刷成明黄色的房间，这间客房承载着一个美丽的愿望。

数年前，丁香九号客栈才刚刚从破败老房蜕变成一座精美的水乡客栈，那时的九爷哼着小曲儿在门外刷墙，一个风尘仆仆的姑娘站在了丁香九号的门前，问老板，可以住下吗？

老板九爷特别有腔调地告诉姑娘，客栈还没有客人住过，您觉得能住就住下吧，价钱随意给好了。就这样，这个姑娘在丁香九号住了一个月。后来九爷才知道，丁香九号的第一位客人，也是在丽江开客栈的一位老板。她住的客房，就是这间明黄的"黄裳"。九爷相信，那个姑娘带来了一种美好的祝愿，为九爷和他的客栈，写下了今后漫

长故事的第一个字。

　　九爷说，他还有个愿望，希望有一天能给丁香九号客栈一个小院，养只凶巴巴的大丹犬，但是考虑到大丹犬的样子实在吓人，只好作罢。其实九爷也是个外表粗犷内心温柔细致的人，在客栈的留言板里可以看到天南海北的旅人对丁香九号的爱和对九爷打心眼里的认同。

　　丁香九号客栈的房间很美，绿意盎然的"春分"，蔚蓝如空的"蓝田"，每间房里的颜色都婉约细腻。精致的绣花抱枕，花枝乱颤，羽色明艳。琉璃的灯光影斑斓，雕刻精美的梳妆台上牡丹花色正浓艳。

　　平江路白天总是游人如织，热闹太盛，江南的静谧就有些难以触及，不过像树枝般向着两边延伸的小巷子里，却能见到洗尽铅华的时光印记，那其中就包括丁香巷。而丁

1 | 2　1. 洗手台都是国货
　　　2. 想舒展地躺下

香九号客栈在丁香巷里，就如同一朵自顾自绽放的花儿，微风徐来，花香四溢，该遇到的人总会遇到它，在那又窄又深的老巷。

　　我尤其喜欢丁香九号的露台，因为平江路里的老楼大多低矮，站在露台上，平江路里的建筑尽收眼底，可以看见灰色的砖瓦、白色的墙，看见常年雨水浸染让绿色悄无声息地深入那些砖瓦的骨髓。看见似乎有撑着油纸伞的姑娘，看见远处的云烟和老楼屋檐，正是泼墨画中才可见的江南。

客栈资讯

- 地　　址：苏州市平江区平江路丁香巷9号
- 电　　话：0512-68268881
- 预订方式：电话
- 房间价格：280～399元

在苏州繁华的观前街里，总有些不被人发现的羊肠小巷。真正的苏州，就在那些巷子里，在古老的水井旁，在碧绿的小河边。这巷子中大隐于市的小眸园，仿若苏州青石板路边纤细的一朵小花儿，清风平地徐来，花香阵阵芬芳。

小眸园——古董守梦人

客栈特色

◎ 古董式的精品客栈
◎ 中西碰撞的民国美学

小眸园的别样美好

小眸园的名字这样动听，让人想到苏州城里纤瘦白皙、穿着旗袍的女子，明眸皓齿，低头莞尔，一抹娇羞格外动人。

小眸园藏在观前街的深巷之中，一扇古老的不易察觉的门，铜质的门牌上写着"小眸园"三个字，一盏昏黄老旧的路灯挂在门前，照向阡陌交错的巷。巷子里的小眸园，一扇铜门隔绝了时光，有个年轻人，倔强地守护着那一片方寸天地、拉扯着那一缕旧日记忆。

这个年轻人就是马达，小眸园的主人。马达是个南方青年，白净高瘦，像这苏州城中的清隽书生，说话有着南方人的温润细腻、柔和从容。

马达和他的妻子麇月，共同打造了这富有灵气诗意的小眸园，麇月也是一等一的才

1. 案几书法

2. 传统

沧桑话小眸

女，写得一手好字，夫妻二人就如同江南画中的才子佳人。马达和麝月都喜欢古老的东西，或者说，他们痴迷于古老的物件。这个小小的客栈其实堆满了古董，都是由马达花费了大量心血，走遍了大江南北四处寻觅而来的。

小眸园是个苏州传统的一进院，院子不大，花草却打理得极为细致。满园的春色与芬芳，令人欢喜。在小眸园里，随处可见依附在物件上的岁月化作灵气：铜镜上斑驳的锈痕，老木头的缝隙，砖瓦上的青苔。一旦没有生命的东西被时间染上了颜色，它就似乎成为另一种生物，原本它与生活息息相关，现在却成了一件艺术品。这也是老板自己所说的，懂它的人会爱它，不懂它的人却觉得匪夷所思，因为在不知怎么欣赏古董的人们眼中，这只是一件旧家具罢了。

张爱玲与小眸园

马达和麝月钟情张爱玲已久，所以在小眸园里常常看到张爱玲的影子。小眸园最初的灵感来源于《海上花》这个作品，所以有间名为"海上花"的房间，这间房里的西洋古董和中式海派古董都是保存很完好的，"海上花"里的梳妆台也是老板最喜欢的家具之一。

小眸园有个套间叫"小团圆"，是张爱玲那篇未完成的小说的名字。灰色的砖石地板，深红色雕花木制家具，空气中嗅出一丝民国旧时光的味道。房间里有一幅麝月亲手写的字，"雨声潺潺，像在溪边"，可以想象曾经那些江南的女子，肤白胜雪，旗袍上

$\frac{1}{2\,|\,3}$　1. 舒适的床榻
　　2. 欧范儿灯具
　　3. 南方情调的一点儿小而美

印着暗花，双眸在灯火的映射下一闪一闪，她们也曾这样安静地坐在梳妆台前，听窗外苏州的雨一直下一直下，似乎绵绵无绝期。

"秋月白"，自然是取自"唯见江心秋月白"。相比起"小团圆"，这间房更西式一些，有种民国洋房的味道。房间里有一张年代久远的床榻，曾经是闺阁小姐未出嫁前的床，现在用来做客人喝茶的坐几。老板修葺小眸园的时候，尽可能地修旧如旧，每间房也都在尽可能地还原真实的一百年前的民国。其实，民国是个讲究的年代，尤其大户人家，从小眸园的许多细节就可以看出来当年人们对生活品质的追求。

深沉低调的古董大套间"幽篁"，是小眸园最精致也是最贵气的房间。绿意满满

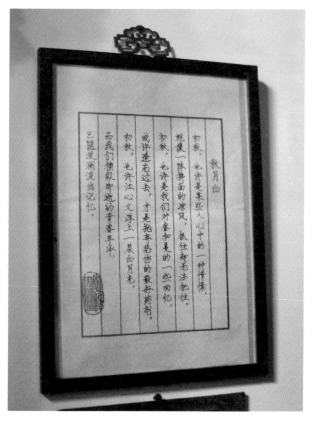

墙上的硬笔书法

的天井的小套房"四月天"，明显要活泼灵动许多，颜色也浅了些。此外，还有"鸿鸾禧""夜未央"，每间房的名字都这样动听。

雕花梳妆台遇见陶瓷浴缸，木艺遇见铁艺，厚重的丝绒窗帘遇到琉璃玻璃窗，旗袍遇见香水，诗词书画遇见留声机里的爵士乐，这就是民国，这就是小眸园。

客栈资讯

- 地　　址：苏州市姑苏区观前街区井巷
- 电　　话：13771745195
- 预订方式：网络/电话
- 房间价格：428～728元

浮生四季
——恬淡优雅半梦间

历史悠久、玲珑精致的苏州很容易就让人爱上，在姑苏区的老街小巷，安静悠然的浮生四季跃然入眼。这里有天南海北的游客，每天发生着不同的故事。让我们在享有盛名的苏州园林式建筑中，和浮生四季一起，感受这古老而细腻的文化气息。

客栈特色

◎ 庭院式青旅
◎ 人文气息浓厚

浮生里的四季

浮生四季这个名字来自清代乾隆年间的一本书《浮生六记》。传说作者沈复曾经住在这附近。在沈复的《浮生六记》里，通篇皆是淡然清澈的心境，就像这苏州一样，也像浮生四季给人的最初印象一样。此外，此名也是取自李白诗中"浮生如梦，为欢几何"的意境。浮生四季，大约就是在尘世岁月中淡然处之，四季更替，晨昏流转，都能像古人一样酣畅于天地自然，了却浮生一梦。

浮生四季诞生于2007年的初夏，几个年轻人对旅行和远方有着共同的梦想，于是聚在一起，奔走在苏州老城里，终于选择了这座苏式民宅。于是铺上青色的石板，种上绿竹，搭起用来租赁的单车棚，盖起玻璃房，就有了浮生四季。

浮生四季里有18个房间，屋顶有可以看星星、晒月光的天窗，有简单却干净的公共卫浴。和所有的青年旅舍一样，住客来了自己铺床，虽然入住条件比起豪华酒店来要简陋很多，但人们可以在这里相识、结伴。

草木深深，花草幽静

1 ―――――
2 | 3

1. 浮生四季里的悠闲与清静
2. 落英缤纷，这是雨后落下的杜鹃，盛在瓷器里也好看
3. 角落里的吉他诉说过一个又一个人的故事

院子里的四季

　　浮生四季的院子中间有个玻璃房，晴天可以晒太阳，雨天也别有一番美景。玻璃房里有把吉他，八年来经手了不同的主人，弹奏过民谣也吼过摇滚，除了院子里的大金毛虎子，这把吉他就是浮生四季最有故事的角色了。

　　大金毛虎子，是只会趴在走廊里犯懒卖萌的狗，每个路过的人都会蹲下来揉弄它的毛发。虎子总是安静地看着浮生四季里的人来人往，每日就这样垂着眼睛陪浮生四季走过四季变迁。

院子里常年都是一副葱郁茂盛的景象，四月份的杜鹃刚刚被一场雨打落，就被细心放进盛满雨水的瓷器中；枇杷和葡萄成熟了一回又一回，赶上好时候的客人还能尝尝鲜；八月桂花开了，院子里溢出甜蜜的香气；冬天的枇杷树虽然枝叶枯黄，但也显露出苏州另一种内敛的气质来。

公共区域有个独立小书吧，小书吧里微黄的灯光很温柔。书架上的书已经被翻得很旧了，人们就小心地捧着阅读。这些书多数是介绍苏州老城区历史的，如今不复存在的建筑只有在书中才能找到了。每当夜幕降临，公共区域里就会放起电影，和天南海北的朋友一起看一部小众电影，充满了旅行的惬意与自在。小院里的灰石白墙具有浓郁的苏州园林的气质，柔软的沙发和藤椅永远在等待下一批远道而来的客人。院子里的浮生四季，也永远那么惬意、温暖、恬静。

浮生四季，江南水乡中的居室庭院，枇杷树、葡萄藤下的春夏秋冬，年轻的生命相识在这一片葱郁里，花落花开在院间，白墙下的青石绿水倒映着苏州天色，每一帧画面都是独一无二的风景。

客栈资讯

- 地　　址：苏州市姑苏区观前街人民路大石头巷27号
- 电　　话：0512-65218885
- 预订方式：网络/电话
- 房间价格：多人间床位49～59元，房间129～219元

品苏驿

—— 品啜姑苏的美

在安静的老街里，品苏驿是那么小，不经意间也许就会错过；但一旦遇见它就会深爱它。唯美、诗意、灵性、仙气逼人，这些形容词通通放在品苏驿身上都不会太过。品苏驿就如同姑苏城里长发及腰、轻纱白裙的曼妙女子，就这股子不食人间烟火、遗世而独立的气质来讲，一定是苏州城里最"仙"的客栈。

客栈特色

◎ 最"仙"的苏州精品客栈
◎ 诗意的栖居空间

它仿佛一块美玉

作为苏州最美的客栈，品苏驿很注重品质。

推开木门，品苏驿的仙气就跃然于眼底，白色的墙，浅粉淡绿的墙饰，几盏纯白的纸绢折灯静静垂挂。整个客栈的公共空间颜色都很浅，干净澄澈，清静自然，给人感觉明亮但不至于刺眼。

接待区有一位瘦弱白皙的女子，总是在浅笑倩兮。接待区同时也是个小吧台，有酒和软饮。餐厅在接待处和公共大厅中间，虽然很小巧，但桌椅摆设包括灯饰都极其考究，很有品质。休息厅别有洞天，阁楼改建而成的，有三角形的屋顶。

阅读室分出半私密和开放的空间。一半在木质书架的后面，有沙发和抱枕，有屏幕，也可以观影；另一半在书架前，是一张长桌。如此一来，愿意独自阅读的客人与长桌上的客人就可各享其乐。

可以自己下厨的房间还配备了橄榄油，在讲究生活质量的房间里，令人觉得走进品

1	1. 招待处的一点小风情
2	2. 蜗居在这个客栈会让人觉得幸福满满

小桃坞的名字很温暖

苏驿就像回了家一样。

　　这就是品苏驿的细节之美。品苏驿的气质像一块美玉，淡淡的，光韵却那么柔和，穿透人心；也像一支婉转轻灵的筝曲，优雅之中带着贵气，恬淡之中有着灵性。

仙气自来

　　品苏驿有四间客房，我到访时，楼上还有一部分没有完工，但雏形已经初显，有很美的玻璃天窗，届时，夜晚有星或者有雨，都一定很美很动人。

　　"修竹"，是间带厨房的房间，和它的名字一样古色古香。入门处有木制的大衣柜，窗外种着竹子，很雅致。床前有浅绿色纱帐，沙发上有丝绸材质的淡绿色、轻紫色抱枕。整个房间没有多余的物件，偶尔一个瓷瓶插一枝干枯的植物，自有一种姿态。

　　红色的"荷风"，像古时候大户人家小姐的闺房，红色纱帐落地，榻榻米的床铺靠着窗，诗意而精致。

1 | 2   1. 洗浴用品
             2. 厨房不含糊，既讲究又漂亮

    浅黄色的"枫桥"，令人不禁想起那首《枫桥夜泊》。大约是深秋的缘故，房里的感觉略显得冷冽一些。主题色调是浅黄与纯白，像落叶未尽时候的初雪。

    蓝绿色的榻榻米房间"漱石"，不知是否取自日本作家夏目漱石之名，但确实比其他三个房间都要显得日式一些。灰色的窗帘显得冷静沉稳。蓝与绿都是冷色，在"漱石"之中与白色相遇，仿佛高原的湖泊里经年被雪水浸泡的冷石。

客栈资讯

- 地　　址：苏州市姑苏区景德路371号四楼
- 电　　话：15850166106
- 预订方式：网络/电话
- 房间价格：380~668元

杭州

花驿民宿——有一种情怀叫民国

曼陀林·云谷花园客栈——林间悦音

澜舍——入梦琅琊阁

水墨居——茶香深处有隐舍

蓝莲花开·溪上——把人生一部分时间留给陌生人

花驿民宿

——有一种情怀叫民国

我已将民国风爱到了骨子里，那时的调，那时的忧，那时的人，那时的故事，都无比吸引着我。民国的情怀，一直促使我在运河边寻找这样一家店，既拥有运河的古典，又不失现代的温柔。花驿民宿的出现，就仿佛一切都那么应该，圆了我的民国梦。

客栈特色

◎ 民国风格的民宿
◎ 大堂鲜花满溢
◎ 奶奶祖传的甜酒酿

客栈特色

总是觉得，运河边应该有这样一家店，有岁月的沉淀，有历史的沧桑，却不失温婉的柔情。它既符合运河的气质，又有着自己的故事。所以，当找到这家店时，我感动许久，它就是我梦想中应该出现在这里的运河人家。

它叫花驿。

坐落在运河畔的大兜路历史文化街区，毗邻香积寺。在花驿民宿的房间里便能听到梵音悠远，拉开窗帘，便是寺庙一隅。你可以乘坐运河水上巴士去探访它，穿过绿水繁花，在信义坊下船，沿着蜿蜒的青石板路，就可寻找到这家隐于大兜路的民国风客栈。

青砖外墙提升了整个民宿的韵味

奶奶的故事

温暖的午后，当我寻到这里，花驿民宿的女主人陈敏正在鲜花簇拥中等我。她拿出一些翻印的老照片，给我讲述了一个如同电视剧般跌宕起伏的真实故事。

开花驿民宿的初衷其实是想替奶奶圆一个多年的梦。

奶奶曾是福建的富家千金，原本老家就是开客栈的，16岁时在客栈里偶然遇见了一位英姿勃发的军官，两人一见钟情。很快，两个人便成了亲，但是婚后没多久爷爷就要离开。作为富家千金的奶奶离开了锦衣玉食的生活，跟着爷爷离开了家乡福建，随军辗转，颠沛流离。一走，就是几十年。奶奶从一个娇贵的千金小姐，成了一位拉扯12个孩子的妇人。

套房中的阳光房客厅

　　然而，年岁越大，奶奶就越会想起年少时的家乡。她的家上面是客栈，下面是酒家，白墙黛瓦，小桥流水，充满着回忆的温度，回不去的家园成了奶奶心中永远的牵挂。于是，花驿民宿的女主人就按照奶奶诉说的样子，开了这家民国风格的客栈。

花样的年华

　　知晓了花驿民宿背后的故事，便终于明白它为何能将民国风演绎得这么纯粹。这里的每一件家具和摆设都是根据奶奶的记忆精心挑选搭配的，所以它们都是有温度的。

　　一楼大堂功能齐全，不仅有前台、茶室、书吧、餐厅、会议室，还有鲜花铺。女主人在大堂留下一块区域，做成"花驿小铺"，既装点了空间，又可以售卖鲜花。

　　之所以取名花驿，是因为"女人如花"。女人花期很短，便想尽可能保留最美丽的光阴，所以来这里的客人以女性居多。

　　大堂最令人印象深刻的非色彩莫属，大胆的纯饱和度用色，墨绿的窗帘、暗红的灯罩、玫红和翠绿的坐垫靠背，与古典青花瓷、油纸伞、仿古柜子融合在一起，仿佛一幅民国画卷，将整个大堂装点得格外浓艳。

1. 典型民国风格的房间
2. 房间的玫红色窗帘给整个空间提升了不少气质

　　花驿民宿的房型很齐全，除了大床房、标准间，还有家庭房、阁楼房、阳光房和复式套房，可以满足几乎所有人的需求。房间里延续了整体的风格，玫红色的窗帘、布艺，或墨绿，或大红，或深蓝的柜子，木质雕花大床，古色古香的太师椅，用烟斗做成的挂衣架，浓浓古典中不乏禅意与温度。

民国风的气息

1 | 2　　　1. 墨绿色窗帘在古朴的花格中显得沉静
　　　　　2. 每个房间都有辛苦淘来的古董衣柜

用心的温度

　　花驿民宿除了有故事，有风格，最重要的，还有温度。

　　设计上的用心体现在每一个细节。房间里的每一个柜子都不一样，精致得让人不舍得打开；每个房间的茶桌上，都有茶具和玫瑰花茶，用精美的陶器盛放，供客人安神养颜；书桌上配着温馨的台灯，前面放着一本"花驿对你说"，里面有中英日文的介绍信息，还有两本关于运河的书；木质床头柜上，放着带有女主人亲笔签名的温馨提醒。

　　因为是老房改建的，所以有时候客栈的下水和空调并不是那么好，前台总是会提前询问入住时间，提前一小时帮客人打开空调，让客人进入房间就有舒适的温度。洗手间里也都配备了暖风机，只为在冬日增添一丝温暖。洗手间还有内衣放置袋、手工肥皂和精美的四小件。

　　每天早晨，花驿民宿都会提供自己独家的甜酒酿给客人品尝。这是女主人奶奶的独家祖传手艺，当年她就用这一份独家祖传的甜酒酿开了一家甜品店，养活了一家人。

　　如此有故事、有风格、有温度的民宿，绝对值得温柔相待。

　　花驿民宿，一定会是你期待中的样子。

$\dfrac{1}{2}$ 1. 自己设计的台灯是花驿民宿的特色之一
           2. 窗台前的鲜花

客栈资讯

- 地　　址：杭州市拱墅区大兜路160号
- 电　　话：0571-88031577
- 预订方式：网络/电话
- 房间价格：380～888元

曼陀林·云谷花园客栈

——林间悦音

曼陀林，原是一种拨奏弦鸣的乐器，音色明亮纤细。但是在杭州，曼陀林是一家民宿、一间餐厅，更是一种原汁原味的林间生活方式。它隐匿于杭州玉皇山脚下，拥有错落的花园式超大庭院，木栅栏、圆形拱门、精致的院落、梦幻的色彩、迷人的香味，是杭州乡村森林系风格民宿的代表，以令人羡慕的方式存在着、生长着。

客栈特色

◎ 森林系客栈
◎ 错落花园式超大庭院

林中小夜曲

初见曼陀林，是若干年前的一个冬夜，经友人推荐寻来。在玉皇山脚下的一个山林里，发现了这栋白色的建筑。

仅这一眼，便爱上了这里。

当年，乡村森林田园风格的建筑在杭州还不多见，我甚至以为，这只是一家餐厅，后来才知道，其实它还是一间民宿。

再见它，是几年之后。曼陀林又在附近开了另一间带着错落大露台的民宿——云谷花园。它拥有一个错落的大花园庭院，弥补了女主人阿浦当年因地域局限而没有完成的梦想。

阿浦曾是设计师，之前一直藏着开森林系民宿的梦想，2009年的夏天，她将梦想带进现实。阿浦对玉皇山情有独钟，喜欢那种四周绿意满园的森林，整个世界只有树的呼吸和鸟的欢语。

1

2

1. 曼陀林错落的庭院

2. 曼陀林门口的墙上有一只森林中的麋鹿

从房间望下去的庭院

我问阿浦，为什么叫曼陀林？

"我很喜欢这片小森林，当时想名字的时候就觉得应该贴近自然。曼陀林是一种民间乐器，在美国常与吉他、班卓琴一起被用于演奏乡村音乐，能发出森林中最悦耳的声音，很符合玉皇山这里的意境。"阿浦淡淡地说。

曼陀林，犹如小夜曲般浪漫而又诗意。当年莫扎特在他的歌剧《唐璜》中使用了曼陀林，在少女的窗户下演奏了一段浪漫的小夜曲。而曼陀林这一乡村度假客栈，仿佛就是《唐璜》的某个场景。

森林系浪漫满屋

多年过去，玉皇山脚下的小村落始终没有到民宿成灾的地步。寥寥几家餐厅、咖啡馆、民宿，开了又关，关了又开，换了几拨主人，最后都没能撑下去。只有曼陀林，几年如一日地深深驻扎在这片森林里，并且开起了第二家店——曼陀林·云谷花园客栈。

从北观音洞的青石板路一直走到尽头，松鼠在林间漫步，黄莺于枝头啼啭，然后遇见一道绘着一只白色麋鹿的土黄色泥巴墙，铁门旁挂着一块紫色的招牌，上面写着"曼陀林·云谷花园客栈"。这里有着世外桃源般的清新空气，是城市里难能可贵的"天然

鲜花满溢的休息区

意境浪漫的房间

氧吧"。

　　推开精致的院门，层叠错落的别墅便在眼前展开。花园里搭配种植着各季绿植和鲜花，田园式的仿古砖一直延伸到一个带着秋千的小院子，那是客栈最大的花园房，仿佛梦境里的森林小屋，充满着梦幻的色彩。

　　沿着台阶而上，一栋三层楼的原木别墅自然呈现。老旧的木板上嵌着白色的圆拱木门、窗框，一只白色的鹿头显眼地挂在木板上，显露出一派浓郁的森林气息。走进明黄色签名板旁的阳光玻璃房，可以看到客栈的大厅，一组巴洛克风格的桌椅旁铺满了干花。嫩绿色的木板，从墙体连接着吧台，绿色元素通过护墙板一直延续到顶楼。吧台旁的装饰柜上，放着茶叶和点心。院子中有几组休闲散座，桌子上放着讲究的茶具，宁静安然。

　　有十个不同意趣的房间，错落地分布在这幢法式乡村的别墅中，延续着阿浦最初的森林系乡村田园风格。原木、布艺、花草及收集的各种工艺摆件，玫粉色的花式壁纸沿着木制楼梯一直延续到顶层，每个房间都有不同的花色和主题，满足客人不同的喜好和选择。

1 | 2　　1. 扑鼻的芬芳
　　　　2. 别致的写字台

承载最好的旅行时光

曼陀林归隐山林。或清晨或傍晚，鸟语花香，一草一木，满院芬芳。无论是旧木门楼顶上还是白色墙面上都有几处松鼠的剪影，寓意着这里良好的生态，如同门牌上写着的"曼陀林"，承载停留着最好的旅行时光。

每隔一两周，阿浦都会运来满满一车花去装饰花园。院子里各季都能开着不同的鲜花，这与阿浦的用心密不可分。她说很幸运自己做的事正是自己喜爱的生活，然后可以和很多一样喜欢曼陀林的客人彼此遇见，并且延续。

这里的早餐很温馨，一碗白粥，几碟小菜，还有包子和水果。你可以在院子里的任意角落安静地用餐，餐后再来杯香气逼人的龙井，静坐庭前，笑谈浮生流年，抑或看本书，翻翻杂志，听听音乐，晒太阳，看庭前花开花谢，望天空云卷云舒，度过惬意的时光。

客栈还在不远处设立了庭院餐厅。若是恰逢周末的夜晚，这里还会有民谣歌手驻场，一把吉他、一首歌，把这里的气氛衬托得愈加诱人。幽幽烛光下，与最爱的人在满是鲜花的庭院用餐，绝对是种享受。这里的菜，口味和造型都很有特色，都是阿浦和厨

留言墙前的休息区充满着异域特色

北欧田园风格的房间门窗

师长用心商量、精心挑选并尝试过的，店里定期还会推出特色的创新菜。

在这里，很容易就忘记世俗，洗去尘嚣，融入这城市中的森林，多角度回归自然，仿佛来到向往已久的隐匿净土，只愿时间永远停留在这梦想中的乌托邦。

客栈资讯

- 地　　址：杭州市玉皇山86号
- 电　　话：0571-88057506
- 预订方式：网络/电话
- 房间价格：295～574元

澜舍
——入梦琅琊阁

世上美景千千万，我却唯独钟爱山间晨景。澜舍是我认为满觉陇晨景中极为惊艳之所。冬季的清晨，许是天气和季节皆正相宜，初醒抬眼望窗外，山色空蒙，薄雾披纱，枯枝晨露，亦幻亦真，仿佛是昨夜误入琅琊阁，再不愿离去。

客栈特色

◎ 半山腰的绝佳视野
◎ 有一处山间庭院书吧

澜舍二美

初到澜舍，是在一个冬日的傍晚。我换乘公交来到满觉陇水乐洞，凭着对自己找店能力的自信，拿着手机导航在山坡走了几圈。但是这里没有足够的光线，树影婆娑，加上冬夜的山雾弥漫、山风阴冷，即便我独自走惯了陌生的夜路，即便这里是安全系数颇高的城市，我心中依旧有些打鼓，最终拨通了前台的电话。

下来接我的，是一个打着手电的阳光暖男。黑夜里的一束光，往往会照亮迷失人的内心。"你好，跟我走吧，路有点黑，当心点。"

这段路并不好走，山坡有些陡，弯弯曲曲。几个陡坡之后是一条小路，幽暗的房屋旁挂着一块"澜舍"的拱形招牌，这应该就是大门，但大门的里面还是一幢老旧的农舍，看不出任何文艺的气息，我开始反问自己：这里真的就是被所有朋友推荐的澜舍？

直到走入院子，推开澜舍那扇透明的玻璃门，一切才真正开始。这是一幢装修温馨别致的度假别墅，充溢着浓浓的温暖。

旅店很有复古感

早上推开窗看到的满觉陇山谷

　　都说澜舍有二美，刚才来接我的前台小哥既温柔又细心，是一美，而另一美，则是澜舍的小美女——"澜澜"。

　　澜澜是澜舍的"镇店之宝"，聪明活泼，喜欢撒娇，很讨人喜欢，许多客人是为了看它特地来到这里。它是一只活泼的金毛姑娘，也是店里最热情的"员工"。一看我来，它便立刻跑上前来热情地"打招呼"，时而卖萌示好，时而温顺地躺在脚边娇蹭，完全不怕生，一见便令人心情莫名好起来。

　　当然，也有不喜欢狗狗的客人，这时候它就会被关到后面的笼子里。即使在自由时间，澜澜也很懂事，只在属于它的区域玩耍，不会跑到楼上的客房区。

一杯银耳羹

　　稍作休息，前台小哥递上一杯银耳羹。他说这是每位入住客人都有的甜品。这份来

自澜舍的问候，在冬日的夜晚显得特别温暖。

澜舍最注重的就是服务和细节。这份小小的贴心他们已经坚持多年，也许是一杯醇美的银耳羹，也许是一份香甜的红枣茶，也许是酷暑中的绿豆汤，他们都坚持当天现煮，让客人感受到他们浓浓的用心。

除了银耳羹，每个房间还都为客人准备了一壶虎跑泉水和一罐龙井茶叶。清晨或者傍晚时分，在房间露台上喝一杯虎跑泉水冲泡的龙井茶，将满觉陇山景尽收眼底，时间仿佛变慢了，心也变得柔软了许多。

澜舍的房间设施也十分贴心，床垫、床单都干净、舒适，使用的是和五星级酒店相同的品牌，毛巾和布草都很柔软，据说即使只有几套，也是选五星级酒店的专业供应商去洗涤。洗手间沐浴露和洗发水品质都很好，还有大支的品牌润肤露和手工肥皂。

女主人一直努力营造温馨、舒适、宁静的氛围，希望能够提供更加安心的住宿体验。考虑到来这里的客人都以家庭为主，客栈特意在一楼大厅设置了儿童区，里面儿童

<table>
</table>

1
—————
2 | 3

1. 公共区域的红木桌子是主人结婚时拍照用的

2. 卫生间小件替客人考虑得很周到

3. 澜舍为每位客人送上一份小甜点

娱乐设施一应俱全，还有专用的儿童文具和桌椅，这些举措深得家庭游的家长喜爱。

来自山间的风

　　澜舍共有11间客房，主楼有8间，隔壁的小楼有3间，房间风格各异，面向茶园和山林，掩映于山色空蒙之中，清新如画，隔绝喧嚣，唯有宁静。

　　早晨，住在这里的客人都会被林间的鸟叫声唤醒。拉开窗帘，远看山间浮云，近听

$\frac{1}{2}$　1. 房间床品清新舒适、干净卫生

　　2. 房间外的小客厅也可以做儿童床

澜舍露台让人有种入梦琅琊阁的错觉

鸟鸣虫唱，就像一幅山间水墨画卷。

坐在露台喝茶赏景，感受着来自山间微凉的风，静静守候在暮色中，真正有种浮生若梦的感觉。

对于这么好的山景，澜舍的女主人说她是足足花了两个多月时间，走遍了满觉陇的大小山头，最终选在杨家山的半山腰这里，因为绝佳的山景和宁静的环境，正是她想要的生活方式。

当然，澜舍不负所望，被西湖景区管委会推荐为七家"最美西湖民宿"之一。用客人的话说，就是"把最美的满觉陇留在了澜舍的阳台上"。

客栈资讯

- 地　　址：杭州市西湖区满觉陇村杨家山11号
- 电　　话：0571-87980990
- 预订方式：网络/电话
- 房间价格：300~800元

"人世间只有一个杭州，杭州，只有一个白乐桥，隐于九里松尽头，隐于佛刹之侧，隐于禅唱梵音之中。而水墨居，则隐于白乐桥。"水墨居的官网如是言。

水墨居
——茶香深处有隐舍

客栈特色

◎ 以禅茶文化为主题
◎ 拥有一片私家茶园
◎ 大量艺术家的真迹

灵隐的后花园

北高峰下，灵隐寺旁，有一片白墙黑瓦的村庄，原名万佛桥，后由白居易加固改建，故取其字乐天，更名为白乐桥。这里灰白色的民居、小径、溪水、竹林、树荫……在山谷间构成了一个宁静、温馨的小天地。

水墨居在白乐桥拥有两家店，一家名为"怡情"，另一家名为"小雅"。两店相距400米，"小雅"的设计以北欧风格为主，混搭着时尚新颖的设计元素；"怡情"则依山而建，地势较白乐桥其他小筑为高，推门而入，一派古典的意境，散发着浓浓的禅意。

1. 位于白乐桥深处的水墨居·怡情
2. 水墨居·怡情的私家茶园

私家庭院

茶香深处有人家

　　穿过石桥堆围栏，沿着长满山楂树的小路，来到白乐桥的尽头，这里有一幢青砖石墙围合的低调建筑，石门砖墙上挂着一块墨牌金字牌匾——水墨居·怡情。

　　还未踏足水墨居，轻柔芬芳的檀香便扑鼻而来，悠扬低沉的古琴声萦绕耳畔，信步探访，自然古朴的石磨和形态各异的植物如日本枯山水般陈列着，形成禅意浓厚的庭院景观。悄然进屋，甜美的前台小姐递上一杯甘甜的红茶，一股暖流自心而发。

　　一间客栈的灵魂与气质，定是与这间客栈的主人密不可分的。

　　老板徐姐有着深厚的文化修养，在日本待了20多年。她将自己的学识、接受的教育、文学的涵养都融合到水墨居中，成为独特的韵味和记忆。

　　徐姐生于福建，是绝对的爱茶之人，喜欢与所有人分享独特的好茶，她收藏着很多刘国英大师的手工茶，只要有爱喝茶的客人来，她都愿意分享。很多客人再回到水墨居，不只是因为这家客栈的环境或者氛围，还因为想念徐姐的茶和咖啡。

　　在设计上，徐姐也尽量将茶文化融入每一个房间。水墨居·怡情共有客房13间，所有房间均以茶为名：一层有"黄山毛峰""云南普洱""铁观音"三间房；二层有"碧螺春""君山银针""正山小种""大红袍"四间；三层最多，有"茉莉花香""肉桂

1 | 2
——— | ———
  | 3

1. 只要你去水墨居，徐姐一定会拿出上好的茶来招待
2. 茶桌上的小品都很有格调
3. 灯光下的茶具和绿植质感细腻

水仙""庐山云雾""信阳毛尖""坦洋工夫"五间。每个房间均设有品茶区，茶具、茶叶一应俱全。水墨居还特别重视细节的设计，整个客栈所有的地板、屏风、家具、吧台，甚至楼梯扶手，都是从不同地方淘来再做加工处理，墙上的书画都为艺术家的真迹。施工时消耗了大量人力财力，只为让客人有更好的体验和感受。客栈在多处公共区域也设置了大小不等的品茶区，为客人提供一个更为休闲、幽雅的度假环境。

经常听人说起私家花园，极少听闻私家茶园，而水墨居·怡情的后院，便是一处茶园，葱茏青翠，清溪绕垄，抬眼处皆能怡情。住在水墨居，不仅可以体验采茶、炒茶的乐趣，还能了解茶叶的制作以及品茶的悠闲。

心如明镜台

水墨居既是一家客栈，也是一个文化传播平台。徐姐原本做的是文化传播公司，拥有70多位签约画家、书法家，而水墨居就成了这些文化名人定期聚会的地方，他们经常在这里举行文化雅集。徐姐特别愿意把好的东西与人分享，大家品着私家岩茶，聊着人

$\dfrac{1}{2}$　1.房间里的每一个细节都做得很细致

　　2.躺在房间的露台就可以欣赏到后山的私家茶园

橱窗柜里陈列着很多相机

生百态，享受幸福感极强的生活状态。

　　水墨居整体装修请的是香港设计师，他巧妙地把禅茶文化做到灵魂里，而不是照搬照抄。环顾客栈，庭院里、房间内处处都可以欣赏到韵味深远的书法和水墨画。吧台是用一整块原木和砚台装饰结合而成的，茶盘、名片夹都印着水墨居的Logo，在细节上很用心。大堂里陈列着从世界各地淘来的古老相机，最老的已经有100多年的历史，是徐姐从日本的一个拍卖会上拍来的1912年的芬兰相机，在暖色灯光的映照下，很有时代感。

　　这是我见过的，唯一觉得实景强过网络照片的客栈。网络上所有的照片都质朴真实，没有过多修饰，而来到现场后，才发觉这浓浓的意境和无尽的情怀是照片无法表达出来的。

　　说到开客栈的最大感受，徐姐直言是结了很多缘。很多东西，你对它付出多少，它就会回馈你多少。有很多老客户回头，一住就是很多天。关上手机，不接受外界的打扰，只是每天在庭院、露台、茶室或是书房，静静地看书、写字，享受着可贵的慢生活。还有每个月都从外地赶来的客人，与其说他们是来住客栈的，不如说他们是来看老板娘的。

　　"抱歉，接下来的周末，我的电话会关机，如果找我，就来白乐桥水墨居。"这不

水墨居自制砚台

是编织的故事，是真实发生在水墨居的。

　　住在水墨居的时光，恍如世外桃源般惬意自在。

　　时间驻停在白乐桥，不会随着焦距而模糊，而水墨居，全是记忆。

客栈资讯

- ■　地　　址：杭州市西湖区灵隐支路白乐桥246号
- ■　电　　话：0571-87996077
- ■　预订方式：网络/电话
- ■　房间价格：298～330元

蓝莲花开·溪上

——把人生一部分时间留给陌生人

沿着青芝坞的石板路一直往里，穿过几条小巷，在植物园后门的一池泉水边，浪漫的田园式民宿"蓝莲花开·溪上"就在这里静静地盛放。民宿老板段王爷是一个很有文化底蕴的人，他选择把人生的一部分时间留给陌生人，听他们讲故事，然后把这些故事写出来，与更多人分享。平时店里时常会播放许巍的《蓝莲花》，随着吟唱出的那从未被遗忘的自由向往，不知不觉就远离了喧嚣。

客栈特色

◎ 田园式的小清新民宿

◎ 每个房间都有不同的小情怀

溪上花开

有一种蓝色的莲花，生长在溪边静池，没有香气，悄然无语，静静地开放在红尘之外，任由生命慢慢地舒展……就像蓝莲花开·溪上。

它是一首歌、一个故事，也是一家客栈。

它坐落在青芝坞的尽头，植物园的后门旁。跟着一条蜿蜒而过的小溪，就能看到这家美式乡村风格的客栈——蓝莲花开·溪上。

因为边上这一泓清澈汩汩流动的溪水，所以取名"溪上"。它好似青芝坞一朵清泉旁的蓝莲，静静地在溪边开放。

民宿主人段王爷是一个极具情怀和诗意的男人，他曾走遍中国80%的古镇，回到杭州后，便有了开民宿的想法。于是，有了第一家"蓝莲花开"的诞生。因为"蓝莲花开"的粉丝太多，为了满足更多人的喜好，段王爷又在隔壁开了"蓝莲花开·依云"和这家小溪流水边的"蓝莲花开·溪上"。

拱形房门给庭院增色不少

1 | 2
  | 3

1. 温馨的咖啡公共区，这里的一切都免费
2. 房间里的茶艺区
3. 田园小清新风格的房间

谈到当初选择这栋房子做民宿，段王爷直言是因为它隐得比较深，这样，闹中取静，不喧嚣，也不孤独。他觉得民宿就应该跟这个世界保持相对的距离，既给人一定的私密空间，又不至于完全疏离。蓝莲花开·溪上的位置恰好保证了这个应有的"距离感"，不在繁华的主路上，但走出去，餐厅、咖啡馆一应俱全。

用情怀谱诗

一个客栈，就是一个小世界。

这是一家被精心打造的民宿，随处可发现主人的用心。

如果把民宿比作主人的孩子，那么蓝莲花开的个性就像他的主人一样，处处体现着文艺和豁达。除了房费以外，这里的一切都是免费的，咖啡、茶水、零食、单车、地图……

走进民宿的大门，是一个文艺风格的庭院，面积不大，但布置得清新雅致。院子里有秋千和桌椅，是小朋友最爱的地方。在种满鲜花的庭院荡着秋千，仿佛置身于茜茜公主的花园。院子里还摆着一些免费单车，你可以骑着它去附近逛逛。庭院与泉水形成一静一动的对比，让人更感觉客栈的静谧、安详。

一楼是民宿的公共空间，这里有书籍、音乐、咖啡和茶，你可以懒懒地坐在舒服的沙发上，发呆、看书、聊天，坐上一下午，感受青芝坞的柔软时光。运气好的话，还能

$\dfrac{1}{2}$ 1. 铺满绿色的庭院一角
2. 坐在房间阳台上的休闲吊椅里，可以望见楼下风景

书画会客厅

遇到健谈的主人，与你分享他的故事。

公共空间旁的房间是一个艺术画廊，布置得很典雅，很有文化氛围，是段王爷最喜欢的区域。段王爷是一个文人，曾是一所大学的汉语言文学教师。画廊里有很多他的珍藏，也是他举办雅集活动的场所。

二楼以上都是客房。蓝莲花开·溪上一共九间房，主人根据房间的特色，给每个房间起了不同的名字，"午后""西夕""如果""几时""遇见""安然""白月光""随她""流年"，每个房间都有自己的风格和故事，美式乡村、田园梦幻、深邃野性、文艺小清新……里面的摆设都是段王爷亲自挑选的，设置得很用心，房间的布草、洗漱用品等也都注重品质和细节。

谈到服务，段王爷也有自己的文化和态度在里面：不亢不卑，微笑但有矜持，热情但不过分迁就，保持适度的距离，却温暖照人。前台小姑娘很温和，你可以随时向她寻求帮助，她会在不打扰你的时候为你提供服务。

讲故事的人

段王爷喜欢歌手许巍的声音，因为许巍的《蓝莲花》而起了"蓝莲花开"的名字。

1│2　　1. 楼梯间的小品
　　　　2. 床头一景

这朵隐藏在青芝坞的蓝莲花，静静地开放，有着隔世的情怀，又透着悠远的意味。

"没有什么能够阻挡，你对自由的向往，天马行空的生涯，你的心了无牵挂……"

许巍的歌，总是能够获得一群有故事、有情怀、爱自由的人的喜爱，让产生共鸣的人会聚在一起。来到这里的人，在他看来，都是有故事的人。他们有的是电商掌门人，有的是知名媒体人，有的是流浪世界的沙发客，有的是艺术家，有的是充满爱心的支教志愿者。

段王爷说，开民宿者，去除大家觥筹交错的外表，每个人的内心都有一个孤独的自己，否则不会开民宿。

他喜欢与陌生人交流，与店里的客人聊天，看着不同的人生活。曾经，他还接待沙发客，把遇到的所有有趣的人，都用文字记录下来。他说，以后要集成一本书，叫《把人生一部分时间留给陌生人》。他觉得，与陌生人交谈，才会在不同的人生里，折射出奇异的碰撞和火花。他的文字很美，以对方的真实人生为原型，用文字加工成小文章在公共平台推送。他说，有些故事，不用感动所有人，只要感动故事里的那个人，足矣。

这里所有的故事，送给同样有情怀的人。

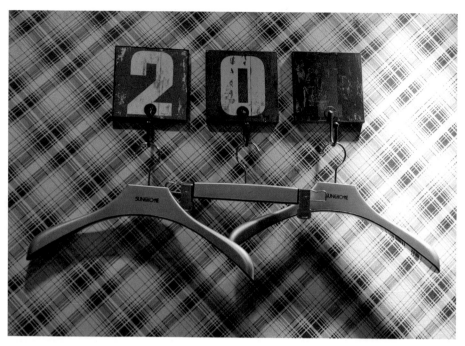

衣架装饰根据房间号的不同而设计

客栈资讯

■ 地　　址：杭州市西湖区玉古路青芝坞160号
■ 电　　话：0571-87361535
■ 预订方式：网络/电话
■ 房间价格：229～359元

成都

慵懒客栈——闲一点，慢一点，享受成都闲散时光

子曰书院——川西风格的文艺栖居

安隅——让旅途时光充满阳光和温度

慵懒客栈

——闲一点，慢一点，享受成都闲散时光

舒适闲散，仿佛是成都这座城市与生俱来的精神气质。它是舒适的，蓉城的慢生活全国闻名；它是休闲的，拥有全国最多的茶馆和书店。成都太好玩儿，当你走累的时候，不妨放慢脚步，在这个名为慵懒的小院享受最成都的慢生活。

客栈特色

◎ 拥有400平方米的园林风格小院

◎ 各种特色主题文化活动

◎ 青旅氛围，客栈硬件

庭院深深深几许

白果林，一个因遍植银杏而得名的成都老社区。这里地处成都西边，上风上水，密而不乱。每年深秋季节，一夜秋风，满地黄叶将这里渲染成一个不真实的梦幻世界。

当你走出白果林地铁出口，不到100米的距离就能看见不起眼的街面上有一扇古色古香的大门，上书"慵懒客栈"，这就是由几位喜欢旅行的朋友花费将近一年的时间精心打造的小院——曾经国营单位的办公楼和宿舍楼改造成了客房，杂乱的停车场则摇身一变成为一个川西风格的漂亮庭院。

自古以来庭院对中国人而言就是一个特殊的所在。庭院深深深几许，每个中国人心里都有一个庭院情结，它不是单纯的居住场所，而是中国人的情感归属，既是一个物质空间，也是一个精神空间。自北向南，从北京到山西，从四川到岭南，全中国的庭院气息一脉相承。成都也不例外，大家心里都有执着的院坝情结，吃饭喜欢坝坝宴，喝茶要

1
─
2

1. 庭院深深深几许，每个中国人心里都有一个执着的庭院情结

2. 暖黄灯火，竹影婆娑，宁静美好的川西小院

1│2　　1. 木门青瓦营造出的古意悠然
　　　　2. 粗壮的大树，茂密的蕨草，让人怀疑这一切是否真的存在于闹市之中

在树荫下，甚至连打麻将也要在小院里。

　　慵懒客栈拥有前楼和后楼两组川西风格的建筑，中间围合一个经过精心布置的面积达400平方米的花园小院。客栈大门和前台之间是一个宽敞的通道，黑板上写满关于吃喝玩乐的贴心推荐。推开前台旁对开的木门，瞬间置身于传统的川西小院落，进入了一个相对独立的幽静空间。这里既有中式古朴的庭院布置，也有日式的精致园林造景。青瓦、红墙、木门、竹篱，竹影婆娑；盆栽莲花、木质方凳长椅，竹制水龙头下水一滴滴落进石头大水缸；黄桷树夏日浓荫正茂，桂花等待秋来飘香，蜡梅守候冬日吐蕊。这样的小院，就像你我心中遥远的故乡模样。

旅人的精神家园

　　慵懒客栈隐蔽于白果林小区的寻常巷陌中，客房全部由20世纪90年代的内廊式办公楼改造而成。这里既提供年轻人喜欢的青年旅舍式床位，也有适合家庭出游的温馨套房。这里有迷你的15平方米多人间宿舍床位，也有面积40平方米、布置有两张一米八大床的豪华家庭套房，还有独具特色的日式榻榻米房间。

　　这里的客人来自世界各地，客栈尤其受到外国友人的欢迎。旅行的有趣之处就是在陌生地方体验当地的生活和滋味，星级酒店到处都有，可是拥有当地文化气息，最贴近当地生活的客栈却不是处处可寻。

　　依托设施成熟的白果林社区，踏出慵懒客栈的大门，外面社区的世俗烟火让你觉得寻觅美食是一件非常容易且有趣的事情。小区里遍布各种美味的川菜、火锅和小吃，出门就有早点和夜宵，这里用最成都的饮食温暖着每一个异乡食客的胃。

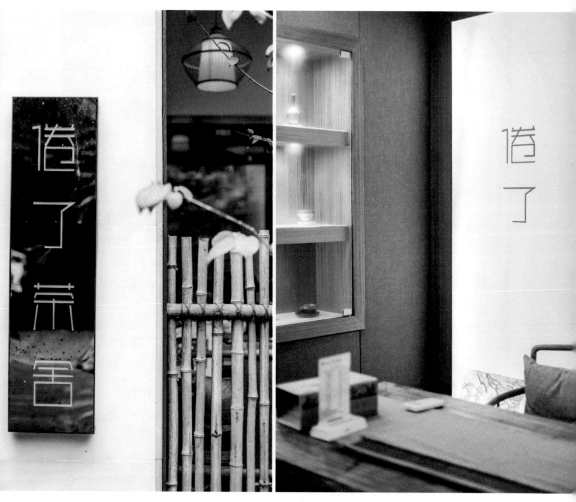

1|2 1. 倦了，来这里品一杯香茗
2. 中式茶室古朴雅致

品一杯香茗云淡风轻

　　整个慵懒客栈让人印象最为深刻的，无疑是庭院之中那个名为"倦了"的茶舍。

　　在这个快节奏的城市生活中，我们为了生活而奔波。很多时候，当我们累了、倦了，多么需要一个舒服的空间来安放疲惫的灵魂。"倦了"就是这样一个充满禅意的茶舍，既有中式古朴风格的茶室，精致摆设中透露出丝丝禅意；也有青瓦木台的日式茶室，其半室内、半室外、半封闭、半开敞、半私密的檐下空间和平台设计完美体现了日式建筑的精髓。茶舍主要以工夫茶为主，并不定期举办茶艺表演、茶文化讲座、插花

沙龙等活动，住店客人还有五折优惠。这个茶舍针对的客群除了游客外，还有成都本地人，他们常常在周末到这儿来喝茶、参加活动，这也是一种成都文化的体验和交流。

    庭院左侧，还有一个叫作慕名汇的书画院——琴音袅袅，墨香满溢，客人慕名而来，不亦乐乎！这里经常组织水墨简笔画文化活动，每周日下午两点半还会定期举办画脸谱活动——慵懒气质之川剧脸谱你来画。不用担心绘画技术问题，在专业美术教师的指导下，你尽可以随心所欲描画属于自己的慵懒气质。

正如客栈老板所言，慵懒客栈并不是一个传统意义上的酒店，当初搭建这个地方也不是纯为住宿盈利，他们想提供这样一个环境和场所，打造一个文化沟通与交流的平台。如今，客栈最有特色的也正是这里丰富的文化活动。除了茶社和书画院，客栈在每周五晚上都会举行"英语角"活动，每周的主题也不尽相同，就是这样随意的有趣，特别吸引本地的外国留学生以及希望练习英语口语的青年。每周三晚上举办特殊技能交换活动，就是以自己的特有技能和他人相互交换自己感兴趣的技能，譬如画画、吉他、古筝、书法、唱歌、外语、手工、魔术、舞蹈等。每到节假日，客栈还会组织各种不同的庆祝活动，譬如圣诞节的"圣诞烧烤交友汇"，有美味烧烤、趣味游戏，可以结交志趣相投的有缘人。

英语角、插花、茶艺、吉他、骑行、坝坝电影……在这样丰富多彩的活动中，住在客栈的客人也仿佛成为院子的主人，体验到了原汁原味的成都庭院生活。

客栈资讯

- 地　　址：成都市金牛区金罗路8号
- 电　　话：028-68760666
- 预订方式：网络/电话
- 房间价格：多人间床位40～55元，房间138～268元

子日书院
——川西风格的文艺栖居

子日书院，是三圣乡里的书院，挂着四川散文学会创作基地、子日文艺报社、每月十五文学、《星星》诗刊诗歌沙龙的招牌，是诗人、作家品茗畅谈的院落，是书法家、画家舞文弄墨的书房。这里也是一对诗人夫妇的家，住着散文诗人蔓琳和她的先生——曾获得过巴金文学奖，同时也是著名书法家的《四川文学》副主编牛放。这个川西风格的小院混合着家庭、文学沙龙、乡村俱乐部这几种奇妙气息。最不可思议的是，它竟然还是一家客栈，一个让旅人醉在书香和花香中的文艺栖居所在。

客栈特色

- ◎ 川西民居院落，中式古典房间
- ◎ 主人是小有名气的诗人和书画作家
- ◎ 常有作家诗人到此小聚

把不靠谱的梦想变成靠谱的生活

蔓琳，一个有着浪漫名字和浪漫想法的散文诗人，和她的先生牛放——著名的作家和书画家，这样一对中年作家夫妇，已然过了单纯追求文艺感觉的年龄，但作为中国传统文人，心灵深处对庭院割舍不断的情结却不曾变过。拥有一个真正属于自己的庭院，这样的梦想谁没做过？

因此，在2014年冬日的某个午后，当他们又去三圣乡喝茶的时候，偶然发现了这个不足100平方米的闲置小院，心中关于乡居生活的执念突然就被点燃。这对文艺中年夫妇以年轻人的热情和冲动，花费近三个月时间，竟然真的把一间杂乱的小院改造成了一座古色古香的川西院落。

改造工作比想象中的还要困难。面对破旧杂乱的老院子，男主人也曾打过退堂鼓，最终还是在妻子的坚持下完成了改造。房子的测量和图纸设计是由男主人的师弟完成，

1. 子曰书院，一座有着青砖灰瓦的川西风格民居

2. 到处都是桌椅，客人可以在任意一个地方坐下，看书品茶

二楼的中式卧房

1. 雕花门窗和油纸伞渲染出小院的传统古典气质

2. 中式复古房间门口的装饰

$\dfrac{1}{2}$ 　1. 楼梯处挂着贴心的标志牌
　　2. 木门加上全铜印花锁

一楼设有主人的工作室和客厅，里面摆着很多字画墨宝

而其他一切杂务都由女主人蔓琳规划和设计。他们在土里埋了管道以便排水通畅，垫高平台用以防潮，更是跑遍整个成都的旧货市场搜罗各种旧物来匹配小院的古典气质。女主人喜欢旅游，便将自己在旅行途中收集到的各种物件布置在小院。这里的一花一草、一木一桌都浸润了两人的执着用心。

这个小院，诗人夫妇给它取名"子曰"，其文雅之意和小院的悠远环境相得益彰。

沉醉于书香和花香

漫步在三圣乡的小路，沿着子曰书院的路标，远远就能望见这座有着青砖灰瓦的三层小楼。这是一座经过翻新的川西风格民居，浓密的树枝从竹篱笆墙里探出头来。院子大门由几块已过百年的老木头拼接而成，实木花窗和窗格是市场上收回的旧物，木门加上全铜印花锁，透出某种古朴神秘的意味。门上写着一副笔力遒劲的对联，"清风入院翻书，细雨敲瓦吟诗"，这是男主人的墨宝，透露出文人的诗书气息。

小院面积不大，简单而脱俗。院里有一株碗口粗的大树，为小院带来阴凉，各色花木错落有致，几株高高的气球花正在热烈盛放，淡绿色的球形花朵在古朴小院中显得特别美丽，旁边还有不知名的小白花静静绽放。院里摆着几张桌椅，由木头腿、石磨台、

气球花掩映下的桌椅

玻璃桌面组合而成的桌子有一种奇妙的美感，上面摆着袖珍茶具供客人喝茶。

院内主体建筑是三层的小楼房。一楼设有主人的工作室和客厅，里面摆着很多字画墨宝，大概主人常在闲暇时挥毫泼墨，还有古琴和精致的雕刻摆件，满屋充满书香之气。客厅书架摆满了书籍，随手翻阅发现主人夫妇的很多诗歌著作。大概因这书香和墨香，小院散发出浓郁的古典气息。

这里没有专门的茶室，男女主人都是很随意洒脱的人，崇尚自然随性，在他们眼里，每个角落都可摆放桌椅，客人可以在任意一个地方坐下看书品茶，喝茶并不是一件刻意的事情。

客房不多，一共只有四间卧室。二楼是配备了复古大床、旧家具、老花被的中式卧房，底层有精致的日式榻榻米。女主人蔓琳有"月光诗人"之誉，非常着迷中国传统文化，她布置的房间充满古意和诗意的情趣，各不相同的房间布局和特色让客人特别喜欢。院内和房内还有很多贴心小提示，均为男主人亲笔所书，俨然就是一件件书画作品。

庭院、客厅、餐厅、书画室、古典卧房以及三楼的露天花园，让这个小小的院子成

1 | 2　　1. 夏日午后，猫咪卧在楼梯栏杆上发呆
　　　　2. 毫不认生的小泰迪

为一个极佳的活动场所。由于主人夫妇的特殊身份，这里还是四川散文学会创作基地、子曰文艺报社、每月十五文学、《星星》诗刊诗歌沙龙等各种组织的所在地，俨然成都的一处文化交流中心。

　　夏日午后，阳光从树叶之间洒下斑驳光影，猫咪卧在楼梯栏杆上打着瞌睡，毫不认生的小泰迪则一直围着你转悠，你走到哪儿它就跟到哪儿。在小院的时光似乎过得特别缓慢，运气好就能逢上文人墨客的聚会，还有机会和诗人夫妇秉烛夜谈。到一个陌生的城市，住进陌生人的家里，甚至和他们一起生活，这才是旅行的真正奇妙之处。

客栈资讯

- 地　　址：成都市锦江区三圣乡红砂村水杉路98号
- 电　　话：028-86939297
- 预订方式：网络/电话
- 房间价格：200~300元

安隅

——让旅途时光充满阳光和温度

在成都市区东南一隅，有一个叫作幸福梅林的地方。"疏影横斜水清浅，暗香浮动月黄昏"，每到冬季蜡梅飘香时，这里是成都人周末最爱去的地方。

小路名为探梅，隐藏在幸福梅林的深处。沿着探梅路前行不过几十米，路边出现一片茂密的竹林，这里有"安隅"的低调路标，再左拐沿着小路转两个弯，推开芭蕉树下的木门，一个阳光下的北欧田园风小院便出现在眼前。

客栈特色

◎ 有花有树的600平方米阳光小院

◎ 在玻璃房享受美妙的下午茶时光

◎ 树屋恍若童话世界

用600平方米小院构建一个纯美空间

幸福梅林尽管没有在成都市区，其东南一隅的地理位置却依然拥有方便的交通。这里距离最近的地铁口只有几站公交的距离，到成都最中心的春熙路也有公交车直达，网络约车也不过十多元钱。

可是，这里有太多繁华闹市没有的东西。清晨走在路上，拎着篮子的婆婆正在叫卖刚上市的水果："自家种的桃子、枇杷，买点儿回去尝尝吧！"老人坐在路边，面前担子里是绿油油的各式蔬菜，比城里菜市的新鲜很多。还有老人和妇女用干花编织花环，白色的满天星、紫色的勿忘我，那些缤纷的色彩真的能让阴霾的心情云开雾散。

安隅就在这里用600平方米的院子构建出了一个宁静的纯美空间。推开芭蕉树下虚掩的木门，眼前是一派自然纯净的田园风貌，纯白砖墙和窗框摆满各种盆栽，有萌萌的多肉、紫色的绣球、蓝色的勿忘我，还有黄色、红色的各种不知名小花，随手一拍就是

推开芭蕉树下的木门，进入宁静的安隅小院

沿着这条竹影婆娑的小巷走入安隅

一幅美丽的画面。院子覆盖着绿色的草，空气散发出青草的芬芳，到处弥漫着自然的田野气息。茉莉摇曳着白色小花送来清香，北欧风格的铁艺桌椅安放在小院中间，仿佛正等待一场闺密的下午茶聚会。小院提供小巧精致的甜品和糕点，冷饮都由自家栽种的薄荷调制而成。

清晨，你会被窗外的鸟鸣和花香唤醒，伸着懒腰来到晨光中的小院，干净的桌椅、桌布已经摆好，正在阳光下等候你享受一顿美味的早餐，开启元气满满的新一天。你可以在幸福梅林和三圣乡到处溜达，周围的许燎源博物馆、蓝顶美术馆、一庐书屋等足以消磨整整一天时光。下午回到小院，若有兴趣可以跟老板学做一顿地道的川菜，一起准备一席丰盛的晚餐，或者在小院摆上烧烤工具来一场烤肉和啤酒的碰撞。当夜幕降临时，听着周边的蛙声和蝉鸣，可以窝在沙发中捧一本书享受夜读，或者坐在小院里和朋友在星空下围炉夜话。这样宁静惬意的生活，真的不是想象。

童话故事里有一间玻璃房和树屋

安隅小院共有三栋主题建筑。位于院子中央的是一栋两层的别墅主楼，每层有一个大厅和两间卧室。一楼拥有大大的落地玻璃窗，北欧风格的纯白色圆凳和长桌，窗边摆

小院中间摆放着北欧风格的铁艺桌椅

放着漂亮的多肉植物和紫色的勿忘我。清晨的阳光穿透玻璃温暖整个大厅，夜晚灯光亮起时则像一个童话世界。别墅二楼有一个宽敞的客厅和一个大大的露台，坐在露台眺望楼下风景，满眼宁静，让人心醉，有一种坐拥童话世界的虚幻美感。别墅的四间卧室都是北欧极简洁净格调，纯白的墙面、舒适的床，清新雅致的气息扑面而来。

除了玻璃房，童话故事中应该还有神奇的树屋。院里有一棵大树，房主用一个浪漫的幻想在这里依着大树修建了一间小小的木屋。大树贯穿整个木屋，两者互相倚靠，奇妙和谐。一层设计成一间小小的半露天茶室，夜幕下白色帷幔随风飘动，三五朋友在温暖灯光里小聚品茗。此番场景如梦似幻，俨然一个童话世界。

紧挨着别墅主楼的是一幢挂着可爱龙猫图案的小房子，这里是小院的公共区域和厨房，你可以在宽敞整洁的厨房里跟房主学做一顿美味的川菜。

安隅小院的住宿方式非常灵活，外地游客可以在这里逗留几天，本地客人也可以和朋友前来包场过一个周末，甚至只是约定一场户外的阳光下午茶。寻一个有阳光的午后，来和这家叫作安隅的小院相遇吧，这里有梅花，有大树，有阳光，有星空，有繁华闹市无法想象的一切。

北欧风格的庭院，纯白砖墙和窗框摆满各种盆栽和多肉

旅行的梦想以安隅的方式生根落地

　　"几个朋友，寻一小院，偏安一隅；半亩花田，种花种草，栽种春风。"安隅小院，就是四个年轻人梦想落地的地方。

　　他们之中，有的拥有童年乡村生活的成长背景，有的一直梦想能有属于自己的花园，有的在游历世界的途中总被落脚的民宿打动。他们都热爱旅行，热爱田园，热爱生活，热爱树的青翠、花的芬芳。于是，怀着相同的热情、梦想和冲动，这四个年轻人在2015年寻觅到幸福梅林这个隐蔽的小院，并动手把毫不起眼的地方打造成了如今精致美丽的客栈。

　　他们没有专门设计，有的只是自己的独特审美以及旅行中见过的美好。在安隅落成的最初一段日子，这里是他们种花种草、聚会喝茶、自娱自乐的地方，随着身边的朋友越来越喜欢这里，他们也逐渐产生了把美好东西分享出去的念头。在过去旅行的经历中，他们去过很多地方，也遇到过很多友善的客栈掌柜，结交了来自不同地方却都很有趣的朋友。这些经历慢慢变成自己的梦想开始在心里生根发芽，他们也希望在自己的家乡能有这么一个地方，可以提供给世界各地的旅人。

$\frac{1}{\frac{2}{3}}$ 1. 宽敞的玻璃房被绿植环绕

2. 别墅一楼拥有大大的落地玻璃窗，北欧风格的纯白色圆凳和长桌，窗边摆放着
   漂亮的多肉植物和紫色的勿忘我

3. 公共区域和厨房，挂着可爱的龙猫图案

玻璃房明亮通透

客人可以跟房主在整洁宽敞的厨房学做一顿地道的川菜

房主说："安隅不是高大上的酒店，只是以一己之力用心浇灌的小院，不能带给朋友奢华的享受，只愿朋友们在安隅慢下来，发现生活的美。"他们把来到小院的每一位客人都当作朋友，房主会亲自接待每一位新房客并把他介绍给其他房客，让大家通过这样的纽带从素不相识变为朋友。

客栈资讯

- 地　　址：成都市锦江区幸福梅林探梅路幸福联合五组11号
- 电　　话：18780126798
- 预订方式：Airbnb、途家、小猪
- 房间价格：260元（1居）～1800元（整套4居）

广州

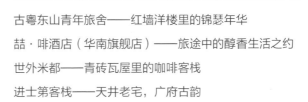

古粤东山青年旅舍——红墙洋楼里的锦瑟年华

喆·啡酒店（华南旗舰店）——旅途中的醇香生活之约

世外米都——青砖瓦屋里的咖啡客栈

进士第客栈——天井老宅，广府古韵

古粤东山青年旅舍

——红墙洋楼里的锦瑟年华

OLD CANTON YOUTH HOSTEL，这是古粤东山的英文名。老广州、新青旅，两个概念铿然碰撞：一边是檐前滴水穿石，岁月蒙尘，是中堂的长轴山水，檀香案上的青瓷描金古瓶；而另一边是风华正茂，锦瑟年华，是一袭干净的水绿色青衫，寻常巷门关不住的巧笑倩兮。

客栈特色

◎ 百年洋房，自然情韵

◎ 经常组织主题派对和文艺沙龙

◎ 文艺氛围浓郁的青年旅舍

老广州新青旅

　　广州有俗谚云"有钱有势住东山"。东至达道路，西至龟岗东华东，南至合群三马路，北至寺贝通津，就是广州人口中的老东山。这一带现存有600多栋修建于民国时期的复式小别墅，红墙碧瓦，中西合璧，高高低低，错落有致，在黄昏的暮色里，那些古老的大屋无不透着古朴精致、优美典雅，让人禁不住心生欢喜。

　　古粤东山所在的这片街区，是广州市中心难得的一片安静、闲适的所在，僻静深巷，阳光随行。洋紫荆盛开的季节，潮湿的空气里飘忽着似有若无的花香。古粤东山是一座占地面积约400平方米的三层小洋楼，原色木门整日敞开着，门前一对绿色灯笼，姿态娴雅。站在门前，就已经能够隐约瞧见院内一池清荷游鱼。玻璃地板上，藤木材质的桌椅随意地散置。流水、曲径、爬藤、栅栏，粉色和淡淡青色濡染于一体，静美得令人无法言喻。楼畔满满的都是植物花卉：寂寞了百年的古树，枝节纠缠着围墙；凤凰木

1. 顶楼特别适合观景

2. 老洋房里的青年旅舍

3. 这就是主人家赋予青旅的调子

1. 注意头顶的鱼缸，里面的小鱼游来游去真快乐
2. 质朴而文艺范儿的公共区域
3. 老天堂一角

和湿润的花草在阳光下舞动着身姿，鸟儿安然歇息于枝上；楼顶平台上还有细密青翠的竹子，枝叶在微风中沙沙作响，不染世尘。

客房集中在二楼和三楼，十间床位房全部以花卉命名。家具和墙壁以米色和白色为主，和谐宜人。灯具和家具的设计走现代简约路线，很是清爽。小巧的红色台灯，造型简单的编制手作，素色浅色的床品，呈现出经典简洁的学院风，让人不禁怀念起大学时代的宿舍。虽然因为保护老房子的特殊要求，客栈无法对卫浴设施进行大改造，但整体来说设计还算科学，设施也足够齐全、干净。

客栈最赞的是公共区域的布置和交流氛围的营造。一楼有一个名为"半支歌"的酒

　　吧，名字取自客栈首任店长、独立音乐人陈成辉的同名歌曲，"如果我的爱长在悬崖上/我就会不断地攀登/如果她不愿意下来……"吧台旁边有一道木梯直通阁楼，那里是客栈的影音室和书房，榻榻米、大而软的贴心靠枕，几盏忽明忽暗的油纸灯，两只黑色小音箱传出断断续续的温柔音乐。午后，阳光暖暖，窝在角落里读书、看片、喝茶、聊天，慵懒的气息袅袅弥漫。

　　再往上走一层，是客栈的另外一个酒吧——老天堂。这里最让人惊叹的是天花顶部一个巨大的长方形透明鱼缸，仰起头来，便可看见一条条小鱼在水草间游来窜去，煞是鲜活灵动。沿着老天堂往上延伸的楼梯，可以到达客栈天台。由于老东山属于文化保护

女主人惠子的绘画作品

区域，周围没有那么多高楼大厦，所以楼顶天台可谓是最好的观景台。摆几把铁椅，放两张长几，端一杯店主惠子亲手调制的鸡尾酒，熏风暖湿款款地袭来，有幽暗的香气不时飘散，仿佛整座城市都在凝视着自己。

　　古粤东山堪称广州文艺青年的大本营，惠子和她的团队的各种主题派对和文艺沙龙在此不间断举办，民谣演唱、非主流观影、诗歌朗诵、摄影展览、旅途分享……客栈三楼有一个开放式厨房，各种厨具应有尽有，客栈总在那里举办美食DIY活动，一堆平日里十指不沾阳春水的文青聚在一起，互相教对方自己的拿手菜，然后一同分享成品……

不得不说的"神奇物种"

　　古粤东山的主角是老板娘惠子。惠子瘦瘦的，鼻子上一颗美人痣，眉目之间满是温柔细腻。但惠子却说自己是一个从小到大经历很多坎坷曲折离奇事件的"神奇物种"：父母离异，家庭暴力，少小离家，在南京媒体独自打拼七年，患上严重的抑郁症，然后只身来广州，结婚生子，写书开店，做设计写专栏……

　　在很多人眼里，惠子阳光开朗、古道热肠，但是她对自己的评价却是这样的："我的内心深处非常疏离，这种疏离感来自对这个世界，或者说是没有任何办法真正意义上

1 | 2   1. 一楼有几个文艺青年正在浅吟低唱
2. 客房朴素而干净实用

获得安全感所导致的吧。还有一个很重要的原因：我从小习惯了‘从不解释、永不抱怨’的狮子座女汉子的臭毛病。”

惠子现在是荔枝电台的主播，她还出版了五本书，其中一本《等你长大就知道》是写给她七岁女儿的。惠子喜欢抽烟，也许是因为袅袅烟雾能掩饰她背后无法看透的悲伤吧，但是她的笑容却很自然、很甜，给人暖意。

客栈资讯

■ 地　　址：广州市越秀区恤孤院路22号
■ 电　　话：020-87304485
■ 预订方式：网络/电话
■ 房间价格：多人间床位45～60元，房间118～149元

喆·啡酒店（华南旗舰店）

——旅途中的醇香生活之约

喆·啡酒店的全部神韵都蕴藏在那些馥郁的咖啡香里。

900平方米大堂，两层楼高的巨型书架，24小时开放式咖啡吧……在深咖色主色调的房间里住上一晚，亲手冲调一杯挂耳式咖啡，歪在躺椅上读一读詹姆斯·乔伊斯的《尤利西斯》，努力地破解这本天书的密码，你的灵魂或许能真实地触摸到大文豪万花筒一般变化不定的意识。

客栈特色

◎ 复古暖溢、略带工业色彩的风格
◎ 无处不在的咖啡文艺气息

黄金时代的情怀暖意

喆·啡酒店的大堂是一处这样的地方：高大而宽敞的空间，上下双层的复式结构，类似戏剧舞台效果的金属旋梯和横梁，分区清晰且全部透明开放无障碍。Loft风格下，充满复古元素的陈设，带着庄园般的端庄与秀丽、满溢的艺术感和诗意。墙上挂满了黑白色的百年老照片，暗红调子的宽大皮沙发和靠垫，花纹繁复、色调沉稳的短绒地毯，莨苕叶纹雕花烛台，古铜色铁艺枝灯，古朴的桌椅，转角扶梯，油灯般柔和的灯光，再加上墙上的旧色地图，老式唱机仿佛流淌着岁月的声音，打开房门就能回到20世纪20年代一般。那个年代是整个欧洲现代艺术发展的黄金时代，人们崇尚自由，思想新锐，衣饰优雅，谈吐有礼，终日流连于咖啡馆，这正是喆·啡酒店的设计氛围。

大堂正中是一个"中心岛"，岛的前端是前台，负责入住接待，岛后及两旁则是咖啡吧台，酒店前台和咖啡吧台就这样自然完美地融合在一起。简洁大方的工作台，黑色灯罩的漏斗形复古工业灯，不失个性却又不显突兀。大堂右侧是两层楼高的实木书

$\dfrac{1}{2}$ 1. 酒店外观
      2. 接待大厅一角

接待台旁边是高大的书架

架墙，大片包覆的原木色墙围搭配核桃木家具，书架旁火炉内的熊熊火焰将大堂烘托得格外温暖。复古花色、质感极其上乘的改良布艺沙发，触感柔软，让人一看就忍不住坐上去。

馥郁的咖啡醇香

喆·啡酒店的大堂咖啡吧24小时供应咖啡。当客人在前台登记的时候，就会有服务生适时地送上一杯咖啡，馥郁的咖啡香气，加上蓝调的低吟浅唱，刹那间就隔绝了门外的车水马龙和尘世烦嚣。

客房的设计也以咖啡色调为主，摩卡布纹墙纸上点缀些可爱的咖啡豆图案，恰到好处的沉稳里略带一丝活泼。床品是印象白加黑檀香色，布局出静稳的睡眠空间，净化了浮躁气息，带来写意悠长的慢时光。

客房内设有咖啡角，独特包装设计的随身挂耳咖啡包，精选来自世界各大产区的优质咖啡豆。小炉精心烘焙，客人只需烧热一壶水，就可以享受到犹如手冲单品的咖啡体验，那种酸、甘、苦、醇、香皆融于一体的味道，集合了淡淡忧郁与沉默的温柔，浅尝慢品，犹如翻阅心底珍藏的风景。每个房间的床头都摆着一本《尤利西斯》，这本20世纪最重要也最艰深的世界名著，当然极适合边品着自制咖啡边细读，如此，方显睿智沉稳，又具艺术气息。

追求完美的咖啡馆文化

很多人好奇喆·啡 "James Joyce Coffetel" 的英文名字，有人甚至据此杜撰出了男孩James和女孩Joyce的浪漫爱情故事。实际上，喆·啡有两种咖啡豆供客人选择，一种叫James，另一种叫Joyce，虽浪漫，却无关爱情。

作为精品连锁品牌，喆·啡酒店之所以选择以咖啡馆文化作为主题，很大程度上是因为酒店品牌主理人许冠雄的"咖啡情结"。

许冠雄是香港人，热爱旅行，热爱文艺，注重生活格调，对欧洲咖啡馆情有独钟。"在咖啡馆见面"是欧洲人流行300多年的社交方式，家与办公室之外就是咖啡馆，那里是人生的第三大重要领地，因而有"我不在家里，就在咖啡馆；不在咖啡馆，就在去咖啡馆的路上"这样盛行不衰的名言。

喆·啡酒店想要做到的就是把咖啡馆文化完整地呈现出来，而非只是将咖啡植入酒店。仅仅让客人可以随时随地品尝好咖啡，满足住宿需求，这并不是喆·啡酒店的最终追求。在许冠雄看来，咖啡馆文化的内涵延伸是很多元化的，包括精品咖啡、文学创作、文化艺术、摄影、时装、电影等，所以喆·啡酒店未来还会做很多文艺跨界活动，比如艺术家原创作品展示、舞台剧演出、微电影拍摄等。

许冠雄将自己的爱好和理想投射到喆·啡酒店身上，希望一杯醇香咖啡、一次高质量的睡眠，能够让每一位入住的客人放下匆忙的脚步，慢下来静心倾听内心的对话，寻找自我的归属。

1 | 3
2 |

1. 舒适的客房
2. 客房咖啡角的挂耳咖啡包
3. 《尤利西斯》是每个房间的标配

客栈资讯

- 地　　址：广州市番禺区大石街道105国道大石段613号
- 电　　话：020-28681888
- 预订方式：网络/电话
- 房间价格：380～680元

小洲村其实离广州市区很近，但仿佛被一道无形的墙隔成了两个世界——星月照拂的夜晚，广州市区灯火辉煌，小洲村里一片静寂，尘嚣远离，天上人间。

　　如果你来广州，愿意住在一个既不远离都市，又如同桃花源一般的古村落里，过几天平静恬淡而又文艺味儿十足的生活，那么你可以选择这里——世外米都咖啡客栈。

客栈特色

　◎ 原汁原味的古朴老宅
　◎ 浓厚岭南特色的庭院和艺术范儿的老板
　◎ 有古琴制作坊和尺八研习馆
　◎ 有开放式咖啡屋和正宗土窑柴火比萨

世外小洲

　　河涌蜿蜒，舟楫绕行，渔家枕河，石板小道，古榕成荫，这是很多广州人心中的小洲村。

　　从元代建村算起，小洲已有800多年历史了。如今，村里仍保有各式各样的石桥50多座，古井、古堤岸、古码头随处可见，祠堂庄重，宫庙朴实，小溪绿树，灰垣素瓦，岭南古韵随风入夜。

　　20世纪90年代，岭南画派大师关山月、黎雄才看中此地，发起组建小洲艺术村，艺术家们慕名而来，并在此扎根。如今，小洲村的寻常巷陌里，随处可见写生创作的艺术家和学生，这里已经俨然成为广州的艺术重镇。

1. 客栈外观
2. 美丽的庭院和白猫

坐在窗前看风景

红砖墙，明瓦顶，尺二红砖，老房子的韵味十足

客栈第二道大门

都成在土窑前亲手烤比萨

世外米都

　　世外米都咖啡客栈就坐落在小洲村的南边。

　　河涌边，石桥畔，弯弯曲曲的麻石小道，吱呀呀推开一扇不起眼的木门，就走进别具洞天的另外一个世界——小小玄关，地上尺二红砖，眼前青砖垣墙，头上灰瓦覆顶，一切都泛着旧时生活的温暖光泽，却又在一片深邃的绿色中隐藏着怀旧的身影。

　　这是一栋有着80多年历史的老宅子，原先的格局是三间两廊，中厅开敞，在2013年世外米都开业之前，已经空了30年之久。

　　世外米都最初只有300平方米，老房子客房7间；后来又加建270平方米的新楼一栋，增加新客房6间；还在一处150平方米的老房子里修了石窑，烘焙出了小洲村最著名的柴火比萨。

　　世外米都的客房都是大床房，其中新楼的6间都是套房格局。里间的卧室属日式色系的搭配，平整简约；外间的休闲区设计成炕式榻榻米，铺着蓝印花布，放着蒲团，淡然安静的样子，可以泡壶茶，可以下盘棋，也可以什么都不做，卧于榻上就好。

新楼入口处，一面墙用木柴做装饰

　　老房子里的7间客房，从设计到备品则都无一例外地保留着"老旧"的雅房格调——砖墙朴实天然，保留了岭南古民居特有的双坡屋顶，覆瓦清晰可数，淡淡的光线从几块明光瓦间透过，让青砖墙倏忽之间就有了几许生动的气韵。房间里加入了低调简约且符合当代生活品质的元素，藤编茶几、简单清新的木质储物柜、素面洗脸盆、细碎印花双开式小帘、纸质灯笼款吊灯。白色硕大的圆顶蚊帐被主人家细心挽起，让人不禁怀念起儿时与母亲在一起那简单温馨的生活场景……

　　世外米都的庭院并不大，但使人称道。设计师很好地利用了老宅的空间，将庭院一边的地坪垫高一米有余，不但营造出了岭南园林崖瀑潭局中的石潭和瀑布，而且地坪的曼妙曲线和地上的古旧红砖、各色绿植一起，令人惊艳地制造出了曲径通幽的意境。那条小径窄窄的，雨季里总是湿漉漉地泛着朴素的红光，淌着清水的石头喷泉，脚边悄然绽放各式小花，桂花树掉落一地金黄色花朵，一只通体雪白的猫从身边悄然经过，又在小径尽头回望，倏然消失……

　　小径的尽头是咖啡屋，那里一整天都充满了懒洋洋的咖啡香味。满洲窗的天蓝色玻璃衬着青色砖墙，那么安静，又那么热烈。屋子里木凳、木桌，墙上挂着一些深褐色的木头

蓝色满洲窗

镜框，里面框着一些风景和人物照片，咖啡师用粉笔写的诗正安静地在门板上歌唱。

世外都成

世外米都是黄都成和他太太大米的心血结晶。

米，在广州话里也是钱财的意思。所以都成总是说，既住在一个世外桃源一样的地方，又可以"搵到米"（赚到钱），岂不是人生一大乐也！

所以，他们的儿子小名就叫大哈。

所以，虽然都成自己当年是以全县第一的分数考进广州美术学院，他也并不打算将来要把大哈送进学校接受所谓的正规教育。

从美院毕业，从事了十多年的设计工作，都成最终决定辞去工作隐居于此。"以前的设计都不叫设计，因为，那时候是带着目的、带着任务，而现在，我想自由自在地为自己设计。"

世外米都是都成的第一个"为自己设计"的作品。而现在，他要做的一项最重要的"自我设计"却与他的专业完全无关——立志成为一名斫琴师，也就是古琴制造师。

新楼的二楼有都成的工作室，里面摆满了制作古琴的各种材料和工具。都成说制作古琴的琴材以几百年或上千年的老房梁为最佳，所以虽然他现在已经不再从事建筑和空间设计，但比以往任何时候都更加频繁地出没于各种拆迁、建筑工地。

制作一张合格的古琴，通常要经过选材、造型、槽腹、合琴等十多个工序。都成目前的技术水平还只是入门学徒阶段，连造型工序都尚未涉足。他说，从学徒到独立制琴，最少也要经过十年的学习时间。

这真是一个让人惊叹的不可思议的"设计"。而我也一直无法阐述清楚，从设计师到斫琴师，这期间带给都成的核心体验究竟是什么。

但我知道，"事在身外，身在世外，鸥波萍迹，足寄此生"，这句话用来形容都成现在的状态，最恰当不过。

客栈资讯
- 地　　址：广州市海珠区小洲村新路大街16号
- 电　　话：020-34445223、13824417983
- 预订方式：网络/电话
- 房间价格：198～258元

进士第客栈

——天井老宅，广府古韵

南方的冬雨，似有若无，用不着打伞，从小洲礼堂拐到河涌边，沿着湿漉漉的麻石小路一直走，不晓得拐了多少个弯，小巷深处，进士第客栈那栋青砖灰瓦建筑方映入眼帘。略有些褪色却更加古意的招牌，趟栊门、满洲窗，青苔悄悄地长满背阴的墙角，碧绿藤蔓在青砖墙上婀娜地攀爬，刹那间，一股浓浓的广府古韵扑面而来。

客栈特色

◎ 130多年历史的岭南老屋
◎ 海量古典家居用品和存书

广府古宅

进士第客栈由总店和别院组成，其中的九栋别院分散在小洲村的各个小巷内。

总店是一座典型的广府大屋，小天井大进深，黑地门匾上"进士第"几个大字掩映在竹枝的翠色里。深黑铁力木趟栊门前，三级浅平的青石阶，一只灰色的英国短毛猫懒洋洋地躺在石阶上，见有人来，张嘴"喵"的一声，然后又闭目打盹去了。

趟栊门隔凡尘事，小院深锁数甲子。

130多年前，小洲村破天荒出了一名进士，全村轰动，地方引以为荣，进士故居理所当然地得到修葺、扩建，不仅获赠"进士第"匾，而且立双斗桅杆。不过，百年风雨磨砺后，这所宅子也未能逃脱被挤占、蚕食的厄运，后来索性空置，当现在的客栈主人耿克俭遇见它的时候，院墙几乎全部坍塌，残墙断瓦，说不出的破败凋零。

为了修复进士第古宅，耿克俭整整花费了三年的时间加固院墙，搭建雨棚，完善电

客栈外观

趟栊门

1 | 2　　1. 佳期及第客房里的老式架子床
　　　　2. 简约而有气质的客房

路，改造卫浴……古宅的改建是一项艰辛的工作，虽然日复一日的耕耘让耿克俭每天都有收获的惊喜，但他也不得不无奈地接受一些无法弥补的缺憾，比如因为空间被挤占，有一段临街的院墙只能砌成圆弧形，这和传统广府大宅高大笔挺的水磨青砖墙面相去甚远，而宅门前的石狮子也令人惋惜地只剩下一只。

　　此后，耿克俭又在小洲村内陆续租赁了九栋青砖天井老宅，将它们全部改建成了独栋别墅客栈，上有独立客房和书馆，下有私家天井花园，而且每一栋都是精彩各异的广府主题配置。

广府主题客房

　　客栈总店拥有四个主题大套房，分别以佳期及第、美辰折桂、良宵金榜和锦程花苑命名，格栅门、博古架、架子床、酸枝木太公椅、冰裂纹花窗隔断……从客房设计到床品、家私配置，广府韵味无处不在。佳期及第的卧室里，古典的褐色匹配方形架子床，厚质实木地板和镂空木墙相得益彰；美辰折桂的客厅，罗汉床代替了一般客房沙发，花梨木清式无束腰小炕桌，配一对墨绿色福字纹饰软靠枕，或坐或卧，舒适惬意；良宵金

古色古香的陈设

榜的卧室里最惹人注目的是一具金丝楠拔步床，这是汉族传统家具中体型最大的一种床，描金彩漆，富丽堂皇，床四面皆围有镂空雕刻及彩绘屏风，正面最为精致，上有喜鹊登梅，下有龙凤呈祥，垂柱上才子与佳人对拜，门楣中心有麒麟送子、五子登科，可谓繁花似锦，满溢着线与面、浓与淡的对比美，后侧更有五个开奁盒，据说是古时女子用来补晚妆的。

客栈的九栋别院也是各具特色：二号别院加入了少许小清新风，蓝印花、卷珠帘、

小萌猫，让小院满满的都是文艺范儿；八号别院透露着更多的稳重感，前厅是传统的中式堂屋，坡面明瓦顶，黧黑铸铁茶壶，平头水波纹朱红色榉木大条案上供着关公，从色调到材质，都呈现出一种典雅和安静；九号别院以水景取胜，小汉穿桥，若连若断，奇石起伏，花林相错，极适宜坐在庭前木质平台上，品一盏淡淡香茗，梦一回长衫罗裙……

罗汉床

难以割舍的"旧物情怀"

　　客栈的主人名叫耿克俭，国字脸，小平头，已过不惑之年。耿克俭祖籍山东，长在大连，2000年调职广州，在某著名杂志社任执行主编。像很多热爱阅读又有一点天真任性的文人一样，职场奔波数十年，忽一日满心厌倦，2006年的一天，耿克俭终于选择了住在青砖明瓦的古屋里。

　　耿克俭说自己是有"旧物情结"的，一直对古老的东西情有独钟。当初租下进士第老房子的时候，小洲村还没被纳入历史文化保护区，没有人要求他保持老房旧貌，最简单省钱的办法是全部拆掉改成钢筋水泥结构，但耿克俭却始终不忍糟蹋了这块宝贝，他将老屋当作文物来修复，结果投入资金是普通建房成本的三倍。没有施工队肯接活，他就自己赤膊上阵，每天挽着裤管在工地上挑泥担土当小工……

　　耿克俭一直以为，那些"老物件"是颇有中国传统文化气韵的，古典的造型配以古朴的木色，展现在眼前的不仅仅是一个个"物件"，而是一个个古老的故事，带着浓浓的欲说还休的意味。所以，当你在进士第客栈的广府主题客房里倚窗而立，便会有穿越时空的恍惚感，或许太多流传千古的诗词歌赋，都是源于临窗一站那一刻的灵光乍现。

客栈资讯

- ■ 地　　址：广州市海珠区小洲村新路大街14号
- ■ 电　　话：020-34489455
- ■ 预订方式：网络/电话
- ■ 房间价格：198～680元

深圳

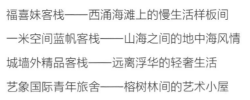

福喜妹客栈

——西涌海滩上的慢生活样板间

西涌海滩位于深圳海岸的最东端，被誉为中国最美的八大海滩之一。距离海滩几百米的山边，有一处古老的渔村——鹤薮村，福喜妹客栈就位于渔村的中心位置。海边的两栋红色小楼，曲径通幽，小院安静，还有面积巨大的香草花园，几只萌猫悠闲漫步。客栈只有12间客房，装修雅致，各具文艺情调。房间里都不配电视机，用女主人菊米的话来说：如此，才能体现真正的"慢生活"。

客栈特色

◎ 有前后两个幽静小院和超大的香草花园
◎ 有独家秘制福喜妹手工冰激凌，曾入选深圳十大品牌小吃
◎ 有一只名叫"奶牛"的明星猫，圈粉无数

福喜妹的前世今生

"福喜妹"这个名字，来源于菊米和朋友2007年共同投资开发的娃娃。当时正值奥运会前夕，奥运热催生了中国文化热，菊米和几个有国际文化背景的朋友想到了一个点子，打造纯手工制作的中国娃娃。由于主打欧洲市场，娃娃就有了一个非常中国的名字——福喜妹。

到2008年，福喜妹新品发布，代表中国多个民族形象的首批八款造型娃娃公开亮相。福喜妹衣着考究、形象可爱、定位高端、纯手工制作，被当时的欧洲媒体称为"中国的芭比娃娃"，甚至在维也纳设立了长期展厅。2011年，欧洲金融危机爆发，福喜妹娃娃的订单直线下滑，加上在国内难以找到既手艺全面又耐得住寂寞、愿意用手用心慢慢打造产品的手工师傅，娃娃的生产渐渐停顿。这一年5月，菊米在坂田手造文化街开

红墙绿植相映成趣

办了福喜妹慢生活馆，虽然仍沿用了福喜妹品牌，但主打产品已经变成了Icedream手工冰激凌。

福喜妹慢生活馆在文化街上担当了两年的"明星店铺"，但可惜的是，由于文化街管理不善，定位混乱，好好的一条艺术街道，后来生生变成了农贸市场范儿，到处是卖小吃、烧烤、低端服装的摊位，此情此景让菊米痛心不已。2013年，菊米痛下决心关闭了福喜妹慢生活馆，在西涌海滩边开了同名民宿，福喜妹和菊米所提倡的慢生活理念，在一个很温暖、很放松、很柔软的小院里再次落地。

红墙、"奶牛"和冰激凌

客栈开业时只有一个院子一栋楼，后来菊米又租下了紧邻的一栋楼，这样，客栈就有了前后两个院落，中间有一条弯弯曲曲种满绿植的鹅卵石小径相连，十分幽静雅趣。

红墙、"奶牛"和冰激凌被称为客栈的三大招牌。

客栈的两栋楼都被漆成比山茶红稍暗一点的红色。清晨、黄昏的阳光照射到墙壁上，有一种别样的美感，那是一种有点耀目又带点柔美的色泽。树木和藤蔓的影子极其

1 | 2　　1. 顺着鹅卵石小径走进客栈
　　　　2. 很喜欢这样的色调，黄菊花是客栈香草园里自种的

立体地投射在墙面上，仿佛梦幻世界里的花朵铺满了墙面。

　　菊米还请来画家刘海涛为后院的红墙涂鸦，因为后院的客房设计主题是猫，所以涂鸦的主角当然就是"奶牛"——一只黑白花纹相间的明星猫，慢生活馆时期它就无数次上过生活、美食、旅游等方面的书，俨然成为客栈的形象代言。据说深圳电视台所有的女主播都知道这只名叫奶牛的猫，奶牛在客栈的地位是如此显赫——前院收银台上摆着菊米在法国专门为它定制的蜡像，后院一整面墙都是它的涂鸦，客房所有抱枕上手绘的都是奶牛各种撒娇耍赖的情形，连院儿里一只硕大的储水罐也被涂成黑白奶牛的样子。

　　Icedream手工冰激凌也是菊米从慢生活馆带过来的，融于口、念于心，如今已经成为客人纷纷点赞推荐的"镇店之宝"。尤其是马来西亚D24榴梿冰激凌、澳洲杧果冰激凌、有机火龙果冰激凌、清火双橙冰激凌，口味相当浓郁而独特，让吃货们赞叹不已。

慢灵魂，小生活

　　客栈前后院各有六个房间，既有小清新的情侣房，也有高配置的中式套房，有手工

院子里的储水罐

后院公共区域

藤床配日式茶榻，还有南方人少见的炕式大床，最大一个有2.4米，荞麦枕头、五星级床垫、棉麻床品，古董家具、手工艺术品，各种混搭，处处养眼。

特别值得一写的是客栈的第三板块——一个超大的香草花园。这个花园是紧邻客栈前院后院的一片树林，原本并不在客栈的租约里，为了避免它被砍光了树木当作空地出租的命运，菊米把它租了下来，使它成为客栈的一部分。这里有薰衣草、迷迭香、百里香、藿香、香茅、薄荷、罗勒、鱼腥草……花园里种的都是芳香植物，店长小易和小芳还学习堆肥，使用酵素，花园里渐渐蝶舞芬芳，从楼上俯瞰，满眼的绿色让人愉悦。更令人欣喜的是，自种的香草已经足够用来制作手工冰激凌，每天的菜肴里也少不了香草调味，而鱼腥草更是吃了一茬又一茬。

"慢灵魂、小生活"，菊米一直强调要专注于自己内心更想做的事情，有甘于过小生活的勇气，追求小而美的价值所在，而关于福喜妹的种种，都是她人生观的点滴体现。

1 | 2 / 3

1. 后院墙上的涂鸦
2. 后院的客房主题是猫，所以每个房间都摆放着可爱的猫饰品
3. 另一只明星猫"村长"

客栈资讯

- 地　　址：深圳市南澳西涌鹤薮村158号
- 电　　话：18617162405
- 预订方式：网络/电话
- 房间价格：222～490元

一米空间蓝帆客栈
——山海之间的地中海风情

在大鹏半岛南端的南澳镇，有一个清秀小巧的半月形海湾，当地人称海贝湾，它的美是纯天然的，海水清澈，沙滩洁白，山上林木，山下渔村，山海风光交织，渔家风情独特。一米空间蓝帆客栈就坐落在海贝湾的山上，庭院开阔，海景无敌，阳光、蓝天、白云、海水总在你的身边，地中海风情的客房优雅精致，置身其中，不禁令人物我两忘。

> **客栈特色**
>
> ◎ 简约优雅的地中海风格
> ◎ 海景房里可以躺在床上看日出
> ◎ 老板娘林姐亲自烹调的美味海鲜私房菜

一家风格和风景极其搭调的客栈

一米空间蓝帆客栈坐落在海贝湾畔的山上，说是山，其实也不过一处数十米的高地，但就是这数十米的高度，让蓝帆不但有了俯瞰大海、坐拥无敌海景的天然优势，而且似乎比平地上的人家多了些阳光的气息。

就是基于这样的感觉，老板姚哥决定将客栈设计为地中海风格。姚哥自己就是美术设计科班出身，因此店内装修设计及材料购买都由他一手包办，而软装和客房备品则全部由林姐负责了。

走进客栈庭院，一股浓郁的地中海风立刻扑面而来，纯白色大理石廊柱、白色墙壁、天蓝色马蹄窗，交织成仿佛海与天的明亮色彩。窗下花槽里，各种颜色的风信子正在盛开，明艳奔放，灿烂无比。

1. 面朝大海，春暖花开
2. 客栈外观

1|2   1. 一楼大厅的色调十分明快，蓝色马蹄窗尤其惊艳
      2. 小清新范儿的客房布置

　　首层是前台和书房式客厅，用的是暖色系，鹅黄色墙体，同色系地砖让空间的整体感觉温馨舒适。接待台与前厅之间半穿凿后做成的镂空拱门，很自然地营造出室内的景中窗，成了空间的错落感。吧台前立面镶嵌着细碎的蓝色马赛克，旁边的装饰墙不经意地涂抹成白色，露出明显的砖石肌理；吧台后则是整面的绿色背景墙，非常抢眼。

　　首层的焦点是几扇低低的梦幻蓝色调装饰性马蹄窗，色彩鲜亮，仿佛带你走进了海洋世界。客厅的一扇窗旁还悬挂了一组无边框的装饰画，内容全是外文杂志封面上的名猫，或傲娇，或神秘，或呆萌，让人忍俊不禁。客厅搭配的家具有些复古，宽大的沙发，原木和红砖砌成的壁炉，呈现出别有情趣的怀旧格调和返璞归真的味道。

　　沿着宽大的楼梯上楼，地中海风情弥散在走廊、楼梯间——锻铁吊灯、蓝色百叶窗、姚哥自己画的夕阳余晖的油画、原木色画框组成的照片墙、平台上的一组藤编桌椅，都带着一种古朴自然的味道，给人以踏实、安稳的感觉。走廊转角处是连续的拱廊与拱门，产生一种延伸般的透视感。墙上每隔几米就挂一篮明艳的鲜花，仿佛这里永远都是阳光明媚的春天。

25间风格各异的优雅客房

客房分别在两处：主楼有21间，海景房和山景房几乎各占一半；另外一处是旁边的4间观海平台木屋，全部是海景房。

观海平台木屋一向是客栈最抢手的房型，旺季的时候甚至提前一个月都订不到房。4间房都是双床，分别以浪漫紫和纯净蓝为主色调。卫生间区域的墙面和地面也采用同色调马赛克镶嵌，房间的拖鞋贴心地按照男生女生分了不同的颜色和尺码，温馨而浪漫。

主楼房间也是色彩纷呈。大面积的蓝与白，诠释着人们对蓝天白云、碧海银沙的无尽渴望。橙色和绿色的大胆运用，色彩简单而丰厚。还有柔和的小麦色、明黄色和玫红色，各种别有情调的色彩组合起来，尽显主人家的浪漫情怀。

房间的备品也都十分讲究。纯白色锻打铁艺床；小巧圆桌上铺着素雅的条纹格子桌布；健康的棉麻质地床品，自然舒适；一束清幽的鲜花，衬托得房间温情脉脉；光线透过宽大的窗户射进来，空间愈加通透，仿佛随处都是阳光的味道。

1 | 1. 顶楼阳光套房，拉开窗帘就看见大海
---
2 | 3 | 2. 马蹄窗旁的猫趣
 | | 3. 走廊上的照片墙

听爵士乐，读绘本，晒收藏，清晨喝一杯浓香的咖啡，午后闲来练习书法，在姚哥和林姐的一米空间蓝帆客栈，这些都可以实现。你可以晒太阳，可以海钓，还可以畅泳；你可以临海观星，枕着海浪入睡，还可以到码头上向渔民购买新鲜的海鲜，然后，倚栏观海，喝啤酒，品美味。我想，这应该就是我想要的美好人生了。

吧台上摆着很多脸谱

客栈资讯

- 地　　址：深圳市南澳街道海贝湾山顶别墅G2栋
- 电　　话：0755-84401668
- 预订方式：网络/电话
- 房间价格：350~750元

城墙外精品客栈
——远离浮华的轻奢生活

在深圳这座现代化高楼林立的新兴都市里，大鹏古城仿佛是一个另类的存在，它偏居一隅，在隔世的古典气息里，穿行于浮生流年。城墙外精品客栈就在大鹏古城南门旁的城墙下，两栋安静院落，几排小巧绿篱，欧式复古风和中式休闲风混搭，床品高档舒适，硬件设施优质，书吧里的整面书墙和露天茶室的细腻配置，无不透露出生活沉淀下来的那份大气与从容。

客栈特色

◎ 位于深圳现存唯一的一座古城的城墙边
◎ 安静舒适的住宿环境
◎ 有海量藏书可以阅读

城墙外，古道边

大鹏古城始建于明洪武年间，是明清两代海防军事要塞，据说深圳今称"鹏城"，即源于此。从大鹏古城北行，经打马坜水库、花山仔、坝岗坳直到葵涌坝光古村，还有一条数百年历史的古商道，被称为大鹏古道，也是明朝广东一带抗击倭寇入侵的一条战略要道。

古城内有几条狭窄而幽静的小巷，青石板铺就的路面高低不平，坑坑洼洼，两旁是青瓦石墙老屋，墙壁上到处是暗绿的青苔色，足音在寂静深巷中回响，似乎每走一步都离历史更近一点。山麻石和青石砖砌成的"高一丈八尺"的旧城墙，早已被岁月侵蚀得不复当年的模样，站在城墙下，仿佛能听到100多年前赖恩爵将军带领守军英勇抗击侵略者的枪炮声。

夕阳下的客栈招牌

轻主义，奢生活

　　初冬的大鹏古城细雨绵绵，空气清甜，远山笼罩在薄雾里。出古城南门，贴着城墙往东行，远远就看见了小巷深处城墙外客栈的招牌，丹漆脱落的原木上，三个白色立体字格外醒目。

　　城墙外精品客栈分为一号店和二号店。一号店2014年开业，走的是偏地中海风格的复古风——拱形门、方形吸潮陶地砖、红砖墙、镶嵌棕色细碎马赛克的前台墙面，厚重的实木家具做了擦漆处理，更显得气韵深沉，老式电影放映机、照相机、黑胶唱片……客栈男主人老杨和女主人欧阳的共同收藏，有一种沉稳的厚重感，内敛不张扬，却更恰如其分地表达了丰富的内涵。

　　二号店2015年开业，客人定位较一号店年轻些，因而更偏向于混搭，田园风格的装修设计，穿插复古风软装，风化木、特殊漆、壁纸、复古砖，经典的格子线条，配上大自然的青草浅绿，有一种旧时地中海乡村农舍的情调，古朴中流露出自然清新。

鲜花掩映的二号店的牌

老式相机、黑胶唱片和电影放映机与红砖墙相得益彰

1 | 2
1. 客栈前台
2. 一号店地中海风的二楼一角

　　无论装修设计风格有怎样的改变，老杨和欧阳提倡的"轻主义，奢生活"主旨却是贯穿始终，"轻"代表一种低调、舒适却无损高贵与雅致的态度，"奢"代表一种奢华，却是一种不会让人产生压力又追求品质生活的状态。

　　客房软装和整体风格一脉相承。超大的睡床可以打滚；两家店的花园房都配有超大的观景露台；印有城墙外Logo的高档白色纯棉材质床品，手感温和舒适；写字台、休闲沙发、室外摇椅提供了足够多的休闲选择；布光设计得当，壁灯、阅读灯、大灯、阳台灯、台灯都有双向独立控制；洗手间精致，品质也较高，热水迅速而充足。

在城墙边写就光阴的故事

　　在古城逗留的两个晚上，有一晚去了老杨和欧阳开在古城里面的酒吧"光阴的故

事"，一帮朋友在后院的空地上劈柴笼火，围炉吃烤羊腿、喝啤酒。老杨话不多，总是在关照别人吃喝，而短发的欧阳是个清秀的湖北妹子，爽朗、和善、真诚又有颗童心。

老杨在深圳"驴界"是个传奇人物，常年背包旅行，走遍了大半个地球，尤其酷爱户外徒步探险。他现在还是深圳蓝天救援队的资深队员，曾经参与过汶川地震救援。老杨与欧阳也是在旅行中相识相爱的，2014年，他们一起去了尼泊尔，走完了EBC全程，尽管那时老杨的双膝已经因年轻时没有保护的过度徒步而被医生建议放弃户外运动。

现在，老杨大部分时间都在酒吧度过，欧阳则主要负责客栈业务，她还在酒吧旁边租了一个小小的铺面，准备开一间专门售卖手作精品的小店，名字叫"花耳"。他们已经将城墙外精品客栈打造成了自己的生活，希望在古城里长久住下去，在这里写就属于他们的光阴故事。

$\dfrac{1}{2}$ 1. 二号店的公共区域
2. 客房宽敞，床品舒适

客栈里经常有观影会

客栈资讯

- 地　　址：深圳市大鹏古城南门围五巷五号
- 电　　话：13923859110
- 预订方式：网络/电话
- 房间价格：150～450元

艺象国际青年旅舍
——榕树林间的艺术小屋

艺象国际青年旅舍三面环山，一面向海，周边环绕2000亩绿叶山林，负氧离子含量10倍于市区，这依山傍水的幽静环境，深深触动着厌倦了喧嚣城市的人。

旅舍在旧厂区宿舍建筑的基础上改造而成，透着20世纪90年代的工业气息，大量彩色玻璃的运用，充分诠释了其前身印染厂宿舍的特色，鲜明的色彩变幻带给人强烈的艺术愉悦感。

客栈特色

◎ 设计极具艺术感和现代感

◎ 公共区域较大

蜕变于破败建筑

艺象国际青年旅舍，位于满京华公司在深圳官湖开发的艺象ID Town国际艺术区内。这片区域曾经是鸿华印染厂所在地，艺象国际青年旅舍这栋楼就是原先生活区中的第16栋员工宿舍，而现在艺象ID Town国际艺术区的主入口，是工厂装卸布匹的货运平台。

鸿华印染厂是港商独资企业，在最为辉煌的20世纪90年代初期，印染厂年生产规模达30万锭，所有产品通过附近的沙鱼涌海港经香港辗转运往世界各地。跨入21世纪，印染厂的效益不复当年，厂方为打破困境，花费巨资专门从德国等地进口更为高级的印染设备，但新设备尚未启封，印染厂就倒闭了。最终，这批新设备被法院查封、拍卖，用来发放工人工资、遣散费及偿还拖欠的原材料货款等。此后的十年间，鸿华印染厂沉寂在岁月之中，逐渐荒废、凋零、破败不堪。

1. 客栈坐落在国际艺术区内的一座小山上，这里是国际艺术区的入口处
2. 客栈外观，此项设计在国际上获奖无数

1 | 2　　1. 楼梯和标示牌的设计十分简约实用
　　　　2. 每一间客房窗户都是用了彩色玻璃，显得色彩缤纷，充满活力

令人赏心悦目的艺术品

　　艺象国际青年旅舍的改造设计工作由广州源计划建筑事务所承担。工业撤离后，园区的草木自然疯长，依山而建的第16栋员工宿舍南边道路上的细叶榕与藤蔓生机勃勃。植物旺盛的生命力激发了两位留欧归来的青年建筑师何健翔和蒋滢的创作冲动——一种对破败的建筑内部重新植入艺术生活空间的冲动。

　　2014年12月，艺象国际青年旅舍改建完毕，这栋曾经破败不堪的四层砖混结构建筑，呈现出了不可思议的艺术美感。

　　设计师保留了建筑原有的总体布局，同时也保留了饱受岁月洗礼的混凝土这种粗糙的材质，旅舍的入口前厅、中央走廊、楼梯以及公共区域地面都是清水混凝土，朴实无华，自然沉稳，楼梯搭配绿色金属扶手，混凝土的厚重和铁艺的清雅配合得恰到好处，两种材料的坚硬感又传达出强烈的现代概念。

<table>
<tr><td>1</td><td>1. 不失青旅活泼青春的特色</td></tr>
<tr><td>2</td><td>2. 三人间</td></tr>
</table>

195

1｜2　1. 房间宽敞舒适，色调沉稳而简约
　　　2. 户外公共区域

　　旅舍的南北两个立面，分别是榕树林景观和山体景观，设计师在两个立面上都安装了黑色预制钢式的开放盒子。朝南的正立面首层，黑色盒子呈多种不规则几何形状，内嵌色彩斑斓的整面玻璃。黄昏时分，公共区域亮起灯光，开窗所对应的接待处、咖啡厅、厨房及其他公共空间分别呈现出不同色彩，光晕朦胧，幽暗明灭，与建筑原有的锈迹斑斑的灰色外墙形成强烈对比，营造出了美不胜收的景观。

舒适宽敞的住宿环境

　　相比一般青旅空间逼仄、装饰琐碎、备品简陋的特点，艺象国际青年旅舍给人的感觉可谓非同一般。

　　旅舍的功能分区十分明晰，一楼公共区域，二至四楼为客房，设计师基本上保留了原有的单元式分隔和空间建构，使得旅舍整体感觉像大学宿舍一般——两头宽大的楼梯，中央开阔的走廊，楼梯墙壁上用巨大黑色英文字母标示楼层，蓝地白字的房间号牌，都显示出简约明朗的现代美感。

　　这里共有40间客房，分为六人间、三人间、双床房、大床房和家庭房五种房型，皆空间宽敞，光线充足。三人间里有三张单人床，家庭房还是套间格局。地板铺混凝土色瓷砖，黑色钢材质房门，门顶气窗和门旁窗户镶嵌彩色玻璃，与外立面相呼应，使房间

充满温暖的感觉，同时采用大量的玻璃元素，能够使光线更容易透进室内，省去多余的灯光配置，更加符合青旅的环保主旨。

房间的墙面选用白色和蓝色两种单色，显得充满生气。同色系铁架床配印象白床品，干净舒适。实木家具沉稳大气，简单实用。尤其值得一提的是，每个房间都配有两台空调，用黑色多孔铝合金板隐藏于梁柱内，美观实用，极富装饰效果。

一楼的公共区域面积达500多平方米，令许多青旅望尘莫及，包括前台、露天和室内咖啡厅、多功能活动区、阅读区和开放式公共厨房。铁艺家具配色彩鲜艳的沙发，既显得线条明朗，又增添温馨宜居的感觉。几缕阳光从彩色开窗洒落，投射到窗前的蒲团上，此时，泡一杯咖啡，捧一本闲书，看庭前榕荫环抱，藤蔓缠绕，耳畔萦绕柔和音乐，才真是旅途中的无比乐事。

客栈资讯

- 地　　址：深圳市大鹏新区葵涌街道葵鹏路106号
- 电　　话：0755-84231668
- 预订方式：网络/电话
- 房间价格：多人间床位55～83元，房间280～399元

厦门

喜林阁度假旅馆

——伦敦姑娘楼的魅力

喜林阁度假旅馆在山顶上，旁边是日光岩。鼓浪屿的山不算高，但很陡，四周的小树林郁郁葱葱，绿得可爱。附近的斜坡上还有高大的波罗蜜树，树冠下方挂着一个又一个硕大的果实，行人忍不住站在树下抬头仰望，垂涎欲滴。

喜林阁度假旅馆的位置是绝佳的，在山岩上巍巍独立，一览风光无限。几条小道从旁边穿过，人群熙熙攘攘，穿梭不停。坐在喜林阁度假旅馆的室外咖啡馆里，仿若坐在深林幽静处，却看世间繁华相。

客栈特色

◎ 客栈以前是英国伦敦教会的修女寝室

◎ 漂亮宽敞的露台，闹中取静

◎ 一楼有西餐厅和咖啡馆，酸梅汤是招牌

百年岁月如水

鼓浪屿的山不大，沿着陡峭的山路慢慢向上走，一路风光迷人。阳光下的小树林色彩格外鲜绿，漫山遍野的鸟语花香。小贩们蹲在路边卖水果，有莲雾、百香果和波罗蜜。最有趣的是百香果，也不用拨开，直接在顶上开个小孔，插入一根吸管，一边走一边喝果汁。

去往喜林阁度假旅馆的一路仿佛是在郊游，路过树林，路过野生植物园，路过植物研究所，像是走入另一个奇妙的世界。喜林阁度假旅馆就那样静静矗立在山顶岩石处，与日光岩对望。他家的小洋楼以前是英国伦敦教会的修女寝室，又叫作"姑娘楼"，如今基本保持了当年的原样，有着一种欧式的典雅与文艺。

喜林阁的一楼是一家西餐厅，也是咖啡馆，有一个很大的漂亮花园，吸引着每一个过路人的目光。有时天气太热，爬山累了，没有什么比坐在喜林阁的花园里喝一杯秘

欧化的小洋楼还保留着旧份文艺

日光岩附近的漂亮咖啡馆

制酸梅汤，看小路上的行人如织更愉悦的事了。山风一阵阵吹过来，树叶发出沙沙的响声，空气里散发出山里特有的清新气息，如置身于野外丛林中，却又不离世俗的繁华。

喜林阁这栋"姑娘楼"起源于1842年，距今已有100多年历史，岁月沉淀的人文气息深深烙印在了这座小楼的一砖一瓦之中，处处都带着时光的印迹，让人无比唏嘘那个时代的生活氛围。这样的历史底蕴所弥漫出的特殊风韵，成为喜林阁让人喜爱的理由。

归去来兮辞

喜林阁的前厅藏在花园中的一个小门里，厅不大，却极为雅致。墙上是斑驳的岩石，周边铺盖着一层薄薄的黄沙，黄沙上有木头小桥，一路从门口延伸至前台。人在桥上走，会看到桥底的圆木堆和黄沙上的绿色植物，像是一不小心走入了沙漠深处的绿洲。

小洋楼的主体是鹅蛋黄色，拱门与拱门之间隔着欧式风的石柱，每个拱门之上有深色的花瓣形遮阳棚，更显出古典的西方风情来。走廊的天花板上也悬挂着一盏盏欧式水

1 | 2
　 | 3

1. 欧式风格的梳妆台
2. 看得见风景的窗台
3. 素雅简朴的房间

晶灯，像是误入某位伯爵的庄园，不过那时恰逢春节期间，高高挂起的大红灯笼让人回过神来，原来这里是鼓浪屿。

　　走廊处的露台是姑娘楼最大的特色之一，走廊很长，长得仿佛看不见尽头，延伸到远方的拐角处消失。同时露台又极为宽敞，铺着淡色大瓷砖，石台围栏下方是墨绿色棋子形状的装饰。靠着围栏的地方摆放着一张张桌椅，最爱那张白色的懒人椅，可以在午后时分躺在这里打个盹儿，慵懒地感受毫无遮挡的冬日艳阳。露台旁边的大树伸手可及，一侧是繁华的日光岩，另一侧则是当地人的小屋子，屋外有田，田里种了些蔬菜，一派陶翁笔下的田园风光。

　　微闭着眼躺在椅子上，体会从山的那边吹过来的轻风，阳光懒洋洋地洒在脸上，耳边有鸟啼，也有人声，两相辉映，令人情不自禁地想起"偷得浮生半日闲"的诗句来。

看得见风景的窗台

　　由于100多年前曾是教会修女的寝室楼，喜林阁的房间格局显得特色鲜明，是其他

1
—
2

1. 傍晚时分华灯初上的花园餐厅
2. 在露台上晒太阳，看风景

客栈里少见的。走廊的墙壁被刷成了与主楼一样的黄色，中间间隔着一扇扇百叶式木门。木门是薄荷绿，向左右两边打开，很宽敞。木门的背后才是房间门，使用的是密码锁。每个房间都有一个属于自己的名字，我住在"蜡梅迎冬"，刚好应了这个时节。

房间的面积刚刚好，装修并不华丽，以小清新的简约风格为主，但是住起来很舒服。靠近露台的一侧墙挡住了厚厚的窗帘，拉开窗帘便能看到一扇扇雅致的小窗户和窗台，还保留着当年小洋楼的风情。窗台旁有高椅，坐在窗台上望出去，满眼都是蓝天白云与日光山色，美不胜收。我喜欢这样独自坐在窗台前发呆，有一种真正度假的闲适情怀。

除了露天花园，喜林阁的一楼还有室内咖啡馆。咖啡馆有好几个独立的小厅，各有风格，非常安静而舒适。有些外墙刷成红色，门口贴满密密麻麻的游客留言，里面像是一个小酒吧。角落处是主人的各种收藏，墙上有趣味的卡通壁画，几张沙发和圆桌，音乐舒缓。另一边的小厅里则有书柜，书柜里塞满了各种杂志和漫画，闲来无事坐在这里

安静地看书，很难想象这里是鼓浪屿上最热闹的日光岩附近。

喜林阁为入住的客人提供免费早餐。清晨坐在喜林阁的露天花园里，呼吸着一天里最清新的空气，吃着早餐，是最惬意的事情。早餐很家常，但面包是热的，奶茶是暖的，在冬日里的清晨，那么贴心，那么温暖，开启了又一天美好的旅途时光。

客栈资讯

- 地　　址：厦门市思明区鼓浪屿鸡山路1号
- 电　　话：0592-8979979
- 预订方式：网络/电话
- 房间价格：428～666元（旺季价格有浮动）

船屋老别墅旅馆

——百年悠然

船屋老别墅旅馆不是真正的船屋，它是一栋船屋造型的老房子，20世纪一名美国设计师的作品。住船屋老别墅旅馆的人都有一种怀旧的情结，都愿在那古老的灯塔上眺望整个小岛的夜色。

船屋老别墅旅馆是古老的，却又像个童话，花园里的米老鼠和唐老鸭唤起了过往岁月中的记忆——那种简单的纯粹的快乐。走进船屋老别墅旅馆，像是走进一段光阴，古老的故事像诗篇一样在眼前展开，像一个梦，百年不醒。

客栈特色

◎ 百年历史的建筑物
◎ 特别的灯塔天台
◎ 有美丽的花园

凝固的时光

船屋老别墅旅馆在鼓浪屿上颇有些名气，它的设计师是美国赫赫有名的郁约翰博士。20世纪初，他参与了鼓浪屿八卦楼的设计，同时这栋船屋也出自他手。这是一个多么奇妙的构思，一条狭窄幽深的古典小巷里，盖出一栋船形的房屋来，还要在屋顶上建一个可以眺望远方的灯塔。

如今的船屋，还保留着那时的韵味，安静地关闭着大门，沉默地矗立在小路上，路的一旁是树林，路的尽头是船屋。百年的时光仿佛从未流逝，今夕是往昔。

童趣的岁月

船屋有前后两道门，前门开在岔路口的起端，周围大树的枝叶蔓延过来，洒下一片

有历史感的老建筑

1 | 2
  | 3

1. 正门处的小花园
2. 安静小路上的船屋
3. 可以登高远望的灯塔

1. 有趣的轮胎造型
2. 清新阳光的房间

$\dfrac{1}{2}$

树荫。水泥柱和红砖墙的屋檐上一簇簇绿色鲜亮的植物长得正茂盛，像是回到童年时外婆的老家，门未进，心先安。

正门处是一个小花园，花草繁茂间点缀着童话的气息，主人饶有趣味地在草丛里藏着各种小玩意儿——蘑菇、鸽子、小鸡和猫头鹰。池塘里有鱼，时不时甩着尾巴游弋，溅起的水花有几滴甩到池塘旁那只小白鸭的雕塑上，趣意盎然。

最美是当下

船屋里面的布置充满了怀旧气息，墙上的老照片记录着关于这栋屋子的深厚底蕴以及它在岁月里经历的风风雨雨。台上有香炉，炉旁是鲜花。旧式老木梯的角落里堆满了各种旧物，老式电视机、以前的藤编食盒，还有一架手风琴，将时光谱写成无声的曲，动人心弦。

老房子的格局使得船屋的房间不算太大，但是简洁、清新、自然，阳光会透过窗口照进来，满屋子夕阳的余晖，这样的宁静时光，岂不已是生命中最美的瞬间。

临走时主人送了一本书给我，是关于鼓浪屿的历史以及船屋前世今生的故事。我细心地放进包里，像是带走一段荣光，一段岁月。

客栈资讯

- 地　　址：厦门市思明区鼓浪屿鼓新路48号
- 电　　话：0592-2098680
- 预订方式：网络/电话
- 房间价格：428～666元（旺季价格有浮动）

七里香舍

——面朝大海，春暖花开

虽然鼓浪屿上大大小小的客栈数不清，但是真正面朝大海的并不多。七里香舍的位置得天独厚，离内厝澳码头十分钟路程，客栈花园的对面，便是一片碧海蓝天。

七里香舍的环境清幽典雅，青竹白纱、流水锦鲤，有几分淡淡的禅意。然而它的管理方式却以星级酒店为标准，服务贴心，宾至如归不再是一句客套话。或许只是因为它有一个好管家，客栈才如此井井有条，仿佛是遗忘在他乡的家。

客栈特色

- ◎ 临近海边，过小路即是沙滩
- ◎ 漂亮的花园，亭台楼榭，流水落花
- ◎ 房间很宽敞，典雅的日式榻榻米茶室
- ◎ 家常却丰盛的自助早餐

偶入幽园处

"七里香舍"四个字刻在一块大石上，而大石在水池中，石上绿藤蔓延，池里锦鲤畅游。流水沿着石壁冲击着水池，发出悦耳的哗哗声。一踏进七里香舍，便如同进入了清幽的深山。路口是郁郁葱葱的一排小树，树下的薰衣草开出一片几若无色的淡紫。欧式花纹门廊上却挂着一串又一串的古典红灯笼，一条石子路曲径通幽，延伸向花园的深处。抬头便是蔚蓝的天，老树根盘踞在红屋子前，树荫遮住云的影子，像是给花园搭上了一片深绿色的天花。左右两侧的茶花与玫瑰娇羞地探出头来，仿佛寓意着中式的清雅与西方的浪漫在这里交汇。

有一条木板小道，蜿蜒着探向花园的另一角，低矮的灌木丛中密集地摆放着桌椅与太阳伞。有一棵孤独的树藏在角落里，树下有一个褐色的陶罐，绿芽从陶罐里长出来，

1. 流水锦鲤一池欢
2. 小径通幽处

花园里看书的好地方

在轻风中摇曳，散发着清新的生命力。

　　客栈大门外的平台上铺满了木地板，靠墙的位置堆满了主人用心淘来的旧物，废弃的铁鸟笼、生锈的煤油灯、坏掉的老音箱、有霉斑的烂木柜……这种种旧物随心陈列，如同展示出一段岁月的截面，在四周绿树的簇拥下，有着说不出的文艺气质，让人的内心不由得宁静下来，沉寂在这片自然的意境里。

雨打芭蕉时

　　七里香舍的店主姓任，是个气质清朗的男子，言谈举止间有着酒店专业管理者的姿态，让人心生欢喜。办理房卡时，他会赠送一张礼券，客人可以选择在客栈的咖啡馆喝一杯咖啡或是一壶红茶。虽然只是简单的小礼物，却令人感到温馨与体贴，予人玫瑰，手有余香。

1 | 2　　1. 茶几上的茶具也很雅致
　　　　2. 早餐从新鲜的蔬菜开始

　　七里香舍的咖啡馆环境舒适，悠扬的美式乡村音乐回荡在小小的一室空间里，充满淡淡的感伤。咖啡馆将中式古典元素写意地表现出来，竹帘、木台、藤椅与古乐器交织出清雅与端庄，再在不经意间增加一点红色花格子布，风格便活泼起来。坐在靠窗的位置可以将整个花园的景色尽收眼底，打开窗便能闻到海风的气息。然而，在阳光明媚的日子里，我更喜欢坐在七里香舍的花园里喝茶，木头躺椅上垫着玫瑰花纹的靠枕，柔软温暖，面朝大海的方向，感受生命中的随遇而安。

　　院子中央还有凉亭，亭子的四周垂着白色的轻纱，旁边的芭蕉长得茂盛，绿草茵茵，一片祥和。忍不住畅想，若是在雨夜里坐在这凉亭中，放下轻纱，夜朦胧、纱朦胧，人生如幻境，再闻得雨打芭蕉的声声泣，定当别有一番滋味在心头。

　　花园的另一侧是两张宽大舒适的藤椅，旁边的书柜中堆放了各式各样的书籍，一壶茶、一本书，坐在这样的院子里，闲度整个午后也不厌倦，恍惚间也懂了"只缘无事可思量"的深意。

鸟啼花香中

　　七里香舍的马路对面便是沙滩，穿着拖鞋便可以到海边走一走。我去七里香舍的那日沙滩上游人稀少，可以随心所欲席地而坐，沙滩柔软，海水如镜，眺望对岸的厦门岛，似梦似幻。

　　七里香舍的房间清淡如诗，木地板与木椅、直插入天棚的竹竿、墙上扇形的留白、古色古香的台灯、浅褐色的窗帘，如同误入了一间禅房，处处有景致，处处重细节。只为了让人入室安心而精心设计出的淡雅风格，让人惊喜不已。

1│2　　1. 花园里的小品
　　　　2. 住店赠送的红茶

　　然而，最让人惊喜的是它宽敞的榻榻米空间，临窗而设，清新的原木色地板搭建出来的高台，开阔的空间里只一桌两垫，桌上一套茶具，待有缘人入座，促膝而谈。谈海阔天空，谈人生如梦，谈这鼓浪屿上的乡愁与离情。夜晚时分，与友人席地而坐，点亮旁边的宫灯，望窗外月明如水，泡一壶清茶，与君同消万古愁。

　　清晨的七里香舍是被早起的鸟儿唤醒的，整个客栈的花草与大树、流水与游鱼都在露珠里清醒过来，重新展露生机。七里香舍的咖啡馆里提供自助早餐，虽谈不上多么奢华，却在家常中显出精致来。单单为一碗粥便会配上多种小菜，煎蛋与面包都很新鲜，饮品柜上准备了咖啡、红茶、果汁和豆浆，丰富的选择开启了美好的一天。

　　离开七里香舍几天后才有机会在市区见到它真正的主人Oliver，她是个人生经历丰富的女子，30岁时便环游世界，如今安下心来关心流浪动物。开客栈是一个契机，成全了另一种梦想的延伸。她笑着说尽量别在书中提到她的存在，对于七里香舍她只是一个静默者，淡淡守护即可。然而，客栈又怎么可能真的完全摆脱主人的影子，七里香舍的清雅，分明是她的心境。

淡雅舒适的房间

客栈资讯

- 地　　址：厦门市思明区鼓浪屿鼓声路12号
- 电　　话：0592-2061266
- 预订方式：网络/电话
- 房间价格：482~668元（旺季价格有浮动）

46HOWTEL在鼓浪屿上开了已经有些年头了，去那里之前看网上的评论说酒店老化比较严重，刚到的时候前台也告知我很快便要重新装修。于是我不免有些担心会经历一场不太好的住宿体验，却不想在46HOWTEL度过了非常愉悦舒适的旅途时光。

一栋老楼、几棵大树、过往岁月里沉淀下来的悠然与静谧，46HOWTEL像是百年前大户人家的府邸，有着私密的、惬意的宁静空间。时间或许会磨损那面墙那扇窗，却带不走那无声无息的低奢与华丽。

客栈特色

◎ 酒店的硬件设施很优质
◎ 房间面积很大，有整面的落地窗可以看风景
◎ 闹中取静，离龙头路近
◎ 餐厅的胖妈面是很地道的重庆小面

树冠遮住的天空

46HOWTEL的地理位置真可谓得天独厚，它在福建路上，距离繁华的龙头路区域不过两分钟路程。只隔一条小巷的距离，却似乎把全部的喧闹都划分给了那一头，这边幽静得像是山林深处。宽敞清新的石板路，两边是古老的围墙，一排排参天老树遮住了整条路的天空，洒下一片清凉的树荫。

46HOWTEL的大门处有一棵古树，树根如蟠龙，盘根错节，整个树冠仿佛在酒店的花园上面撑开了一把绿色的大伞。阳光只能透过树叶之间的缝隙洒落下来，点点斑驳，有一种岁月静好的闲适。46HOWTEL的花园很大，在大树下用木板搭建起来一个宽阔的平台，各种花草郁郁葱葱，各种藤编椅散落在平台各处，粉的、白的、黑的，充满了清新的气息。

1　2　3

1. 坐在花园里感受鸟语花香
2. 充满艺术感的走廊
3. 宽敞舒适的房间

1 | 2 | 3
1. 绿树成荫的室外环境
2. 幽静的老屋
3. 酒店主楼的一侧

　　酒店外的码头区一片红尘绚烂，而一墙之隔的这花园里，却像是回到了几十年前的老时光，是寂静的、悠然的、舒缓而闲暇的，像老唱片里的歌曲，在无尽的时空里循环播放。坐在院子里只看到大树坚挺的树干和遮挡了蓝天的茂密的树叶，如同躺在一张无人的油画之中，一番出世的意境。

温馨的艺术空间

　　46HOWTEL大门处的Logo确实有些陈旧了，但是并不影响它的艺术感，与整个花园的清幽组合在一起，有一种时光流逝的痕迹。酒店的老屋从外面看上去还保留着民国时期的风情，如同某个大人物的公馆，低调沉稳而又暗藏大气的风范。青色的拱形窗下配一部分红砖墙做装饰，各种藤蔓爬了一墙，屋子角落里的青苔从砖缝里透出来淡淡的翠绿色。

　　沿着石砖路踏上台阶，走入大树枝叶遮盖的主楼里，你会惊讶于室内设计的风格，它不同于主楼外在的清新，而是弥漫着浓郁的艺术气息。条纹的地毯色彩淡雅，与纯白

色的花瓣形状的天花组合出画廊一般的空间。室内的设计风格很简洁，但一幅画、一张桌、一盏灯、一瓶花的摆放都经过精心设计，无不体现出艺术的美感，主人的品位在不经意间流露出来。

　　沿着楼梯向上，如同走在一间优雅的艺术展览馆里，无处不风景，好几次都让我情不自禁地驻足欣赏。

时光不舍昔日美

　　46HOWTEL的房间出乎我意料地宽敞，虽然如今确实被时间磨损掉了一丝光鲜，但依旧不影响那份低调的奢华。

　　入门处有一盏白色的落地灯，散发着淡淡的暖光。房间的卫生间完全隔成了两个空间，马桶和洗漱台是单独的一间，面积很大，还有一扇极宽的百叶窗。窗外阳光明媚，绿树成荫，一片岛上的热带风情。洗浴的地方则在另外一侧，是开放式的大浴缸，可以沿着阶梯进入浴缸的平台上。躺在浴缸里正对另一扇百叶窗，在夜晚的时候，看得到满

1 | 2   1. 招牌胖妈面
          2. 酒店楼下的胖妈私厨卖地道的重庆小面

天的繁星与明月，看得到岛屿夜色。

　　房间的主体部分也十分开阔，淡雅花纹的墙纸流露出一种高贵的素净，最爱的是靠着大落地窗的两张沙发，中间还放着一张小茶几。落地窗有整面墙那么大，挡着一层薄薄的轻纱，室内悠然，室外朦胧。拉开落地窗的小门会看到外面的小阳台，还有阳台外的那棵参天大树，枝叶从墙那边伸过来，触手可及。

胖妈私厨

　　最让人欣喜的是酒店楼下有一个自己的私房餐厅，店主胖妈是重庆人，招牌的胖妈面是地道的重庆小面。餐厅藏在木板墙中，更像是一家咖啡馆，据说以前酒店会提供早餐，客人们就在这里就餐。餐厅里也完全是咖啡馆的风格，薄荷蓝的墙面，悠闲的布艺沙发，书柜里散乱着各种杂志书籍。客人们闲来无事时便抽取两本，坐在这里随意翻阅。长桌的椅子上堆满了各种温馨可人的抱枕，像是一个文艺的客厅。由于是在酒店内部，平时来的客人不多，环境幽静。30多元一碗面在鼓浪屿上算是正常价格，胖妈私厨还细心地搭配了一碗鱼丸煎蛋汤。

　　如果在酒店里待着哪里也不想去，只想静静地与自己相处一日，那胖妈私厨必然是打发三餐的好去处。

　　在46HOWTEL度过的一天让人身心放松，真正感受到了私密的无人打扰的度假时光，那份惬意的宁静让旅人倍感愉快。平日里从46HOWTEL的门口多次路过，都会忽略它的存在，因为它门口挂的招牌太小，几若不见。但若是夜色里你一定不会错过它，在一片漆黑的小巷里，胖妈私厨的灯箱亮得那么显眼，灯箱上的胖妈捧着她的招牌面，笑得憨态可掬。

胖妈私厨的环境很清新

客栈资讯

- 地　　址：厦门市思明区鼓浪屿福建路46号
- 电　　话：0592-2065550
- 预订方式：网络/电话
- 房间价格：398～798元（旺季价格有浮动）

漫度设计型客栈

——桃源深处有人家

漫度设计型客栈远离喧嚣的人群，坐落在私密的山坡上，遗世而独立，仿若世外桃源，却又可以只用十多分钟便步行至黄厝村。藏于山丘之中，不离世间繁华，这是旅行中多么完美的落脚处。

客栈特色

◎ 半山处的幽静山景
◎ 客栈艺术感浓郁
◎ 硬件设施优质

误入桃源深处

去漫度的那日下着小雨，沿着山路往上走，在细雨蒙蒙中看到了小树林里的马群正在低头吃草。恍惚间记不得这是在热闹的环岛路附近，我像是误入桃源的过客。再往前走，又看见两只白色的小羊躲在大树下的围栏里，看到有人走近，咩咩地叫着伸出头来觅食。

客栈的门口有一小片菜园，绿叶和黄花被雨水冲刷得格外清新，菜心里积满了水滴。大门处的空地上撒满了白色碎石，配上白色桌椅，一股艺术情调扑面而来。然后一抬头，便看到一座白色的建筑物在大树与翠竹的簇拥中赫然立于山壁下。

乱石花园充满艺术感

乱石丛中的美

　　漫度的大厅是典型的欧式骨架搭配中国古典元素，复古的经典气质与现代简约风格完美融合——木桌、木椅与竹席，白色瓷壶中的乌龙茶，悬挂在空中的鸟笼，以及那最引人注目的乱石搭建的承重柱。漫度的细节里处处藏着艺术的美感，一盆花、一棵树、一杯茶，都有着绝妙的设计意图。

　　客栈的花园个性鲜明，平整的水泥地中挖出一片乱石池，黄褐色的石块与白色的小石子交错其中。乱石中有清雅的竹，有茂密的树，有枯木上的花盆里盛开的蝴蝶兰。空无一物的鸟笼中还有清水，像是等待那只自由的鸟儿有朝一日会再度归来。去时看到有客人坐在乱石中的桌椅处吃早餐，自在惬意的样子悠然而现。

$\dfrac{1}{2}$　1. 房间简洁明亮，十分舒适
2. 清雅的中国风大厅

1 | 2   1. 窗台上的生命力
         2. 简洁设计感的Logo

幸可山林高卧

　　我住在一楼的房间，推开窗便能看到乱石花园。漫度的房间风格延续了极强的设计师情怀，去繁求简，充满了优雅的智慧感。

　　房间里的硬件设施很好，床具舒适，卫生间宽敞干净，灯光设计出色，空调暖气十足。大概因为是在山中的缘故，在漫度的一夜睡得很香，早上开门便能呼吸到山里新鲜的空气。提前预约了西式早点，懒洋洋到餐厅就餐，面包、鸡蛋、餐肉、牛奶、水果的组合开启了健康的一天。就餐时，一回头便能看到另一个院子放养的十几只鸡，忍不住会心一笑，这难道还不算世外桃源？

客栈资讯

- 地　　址：厦门市思明区云顶南路新村社16号之一
- 电　　话：18205998998
- 预订方式：网络/电话
- 房间价格：258～468元（旺季价格有浮动）

说明：因大理市洱海周边地区2016年开始进行综合治理，前往住宿前请预先电话咨询营业时间。

大理

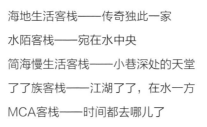

海地生活客栈——传奇独此一家

水陌客栈——宛在水中央

简海慢生活客栈——小巷深处的天堂

了了族客栈——江湖了了，在水一方

MCA客栈——时间都去哪儿了

海地生活客栈

——传奇独此一家

如果选择属于双廊的颜色，那只能是海地生活客栈创造的蓝与白；如果解构双廊的抽象符号，那只能是海地生活客栈的那张白色长桌；如果赋予双廊唯一的标志，便只能是"海地生活"这四个字。

很多人来，很多人走，有些回忆却永远无法忘记。那段关于海地生活的传奇，已是双廊的童话。

关于梦想，关于青春，关于奋斗，在双廊，说的都是同一个名字——海地生活。

客栈特色

◎ 多年前传奇的青旅带着岁月的痕迹依旧保留
◎ 洱海边的咖啡馆，独享春暖花开的梦想
◎ 丰富多彩的活动不定期举行
◎ 每晚八点书吧会放映电影

面朝大海，春暖花开

在传说中的某一年，那时的双廊还只是个默默无名的小渔村，没有文艺，没有咖啡，没有民谣歌手的传唱。

只有狭窄的石子路，承载着双廊渔民们悠久的传统与历史。封闭的世外桃源，与世无争。

有一日，来了几个年轻人，他们青春的脸上带着几分旅途的疲惫，他们的肩膀上背着沉重的行囊，他们的未来还是一片迷茫，于是一直走在路上，四处寻觅希望的方向。

原始的双廊气息征服了他们，他们被那天空的蓝、湖水的蓝震撼了灵魂——海子歌颂的天堂原来就在这里，"我有一所房子，面朝大海，春暖花开"。

洱海不是海，比海更温柔。双廊的阳光，灿烂得可以燃烧青春。终于，就在这里，

带着沧桑痕迹的石头墙

在洱海边来一场热闹的聚餐

阳光照耀在房间每一个角落

夜色里的海地生活客栈

自然清新的室内设计

年轻的人们结束了长久的漂泊与流浪，放下背包，开始修建一所属于他们自己的房子，一所属于世界上每一个带着梦想的年轻人的房子。

于是，双廊有了第一家青旅，承载着一个阳光的梦想：为每一个有缘流浪到此的年轻人提供一张温暖软和的床位。

那段时光，是属于真正的背包客的岁月。没有人在意房间是否破旧，没有人关心明天何去何从，只求今夜，年轻的人们聚在篝火旁。天南地北双飞客，谈人生，谈理想，"今朝有酒今朝醉，与尔同销万古愁"。

那时没有人能够预料，这家叫作"海地生活"的青旅在未来的岁月里会化身为双廊浪漫的地标。

从无到有，从有到精

政伟，是个伟岸的内蒙古男子。他从辽阔的草原漂泊到北京，又一路辗转到上海。繁华都市的气息让内心渴望自由的他不那么自在，于是他一路南下，直到有一天，在海地生活驻足。

海地生活从不缺浪子，稀罕的是，从浪子变为归人。政伟从海地生活的一名过客变成了义工，继而成为员工，一留便是六年。光阴似箭，岁月如梭，他洗去了漂泊的沧桑，沉淀了一份时光的醇厚。如今，他已是海地生活的职业经理人。

人在画中，画中却无人

　　最早创建海地生活的年轻人重新开始了另一份冒险，而曾经关于青春岁月最美好的记忆则留给了政伟，由他全权打理。

　　在大理，在双廊，政伟的名字就是响亮的活招牌，走到哪里，都会遇到他的朋友。

　　海地生活美丽的员工卷卷，美术学院壁画专业毕业，她悄悄告诉我："我选择在海地生活留下来，是因为政伟是个有趣并且才华横溢的人，可以在他身上学到很多东西。"

　　这就是人格魅力。在政伟的经营下，海地生活早已不是当年简陋的模样，四号院和五号院两个精品院楼的建成，标志着海地生活在发展中迈向了高端定位。

　　可是，没有人忍心割舍那段青春的印记，因此海地生活永远地保留着往日青旅的床位，依旧坚守着曾经的梦想与执着，继续为爱好流浪的青年人提供一张便宜却安全的床位。

　　这是一份不能忘却的纪念，纪念那段阳光灿烂的日子。

没有阶层，只有情怀

　　如果你有钱，海地生活准备了私密的精品客栈区；如果你怀旧，老白族民居的二号院依旧带着过往的沧桑；如果你还年轻，还不够富有，不用担心，青旅床位才是海地生活的灵魂。

　　海地生活的青旅谈不上多好的条件，但没有人可以拒绝它的氛围。每当风起的时候，可以悠闲地去看潮水拍打着屋前的萝卜青菜，还有不经意点缀其中的七色野菊花。

1 | 2   1. 从窗户看出去的风景
         2. 老院子里藏着奢华的风景

　　二号院是老房子了，房间显得有些陈旧，没有电视，床上用品比不上新修的客栈，但洗澡水的流量够大也够热，让人能舒舒服服睡个好觉。

　　价格过千元的精品客栈区，则处处透着精心设计的高端气质，开放式的浴缸，临水的阳台，房间包含一张下午茶券、早餐券和船票券，每个院子都有一位管家。

　　在海地生活，没有人在乎你的阶层。想来炫富的，多的是不软不硬的钉子碰，这是早年文艺青年们传承的风骨。囊中羞涩的，无须低头，满院子的青春与朝气打破所有的禁锢。

　　在海地生活，大可遗忘自己的社会属性，只做自己，在这片天空与湖水的蓝色中，与那些差钱或不差钱的人们，平等自在地高歌，这就是海地生活永恒的精神属性。

　　至于海地咖啡馆门口那张大名鼎鼎的白色长桌，你可以毫不气馁地加入排队拍照的行列，也大可选择一笑而过，政伟说了，"那只是海地的过去，未来，自己去找吧"。

客栈资讯

- 地　　址：大理市双廊镇大建旁村
- 电　　话：0872-2461762
- 预订方式：青旅只接受电话预订，需提前半个月；四号院和五号院可以在网上预订。
- 房间价格：多人间床位35～50元，房间150～1080元

水陌客栈是一个梦，一个属于洱海的梦。它藏在小岛的角落处，僻静、安详，犹如与世隔绝的净土，仿佛不在人间。

水陌客栈独拥最美的洱海风景，却并不喧哗，客人可以坐在水边的一排躺椅上，仰望万里无云的蓝天，闻着属于洱海独有的气息，享受完全没有人打扰的时光。

陶渊明笔下的世外桃源就这样藏在繁华热闹的金梭岛上，"户庭无尘杂，虚室有余闲。久在樊笼里，复得返自然"。

水陌客栈
——宛在水中央

客栈特色

◎ 遗世独立的梦幻气质
◎ 与洱海零距离接触
◎ 设计型客栈
◎ 有270°水景房，可以躺在床上看洱海日出

在阳光下观海

有住客评论说："水陌客栈的地理位置赋予了它不问世事的天性，就在那最偏远的角落上，不言，不语，不曾过问大理陆地的起或是洱海上的落。"

水陌客栈在金梭岛最南端，视野绝佳，但位置偏僻，有些客人抱怨不大好找。上天造物常常便是如此安排，拥抱了最好的风景，就得学会放弃方便。

鱼与熊掌不可兼得似乎是个永恒的哲学问题，而事实上，店家早就考虑得很周到。若是坐船到了金梭岛码头，可以打电话到客栈，店里会派员工到码头来帮客人提行李、带路，服务贴心到会替客人报销五元船票。

然而，水陌客栈的体贴还不止于此，它拥有自己的私人码头，只需向船家多支付50元船费，便可以自水陌客栈的私人码头登岸。店长阿亮与小黑狗十五早已站在岸边静

与洱海零距离接触

$\dfrac{1}{2}$　1. 私属码头
　　2. 透明的观景平台

1 | 2
  | 3

1. 躺在床上看洱海日出日落
2. 咖啡馆里的阅读时光
3. 在洱海旁沉思的岁月

候多时，每位客人在那一刹那仿佛都会认为，自己正是眼前这座大宅的主人，迎接自己的，是宅院里多年的管家。

水陌客栈就像一朵出淤泥而不染的青莲，孑然独立地生长在小岛偏僻的一端。私家码头使得它可以与岛上其他区域完全隔离开来，成为一片封闭式的私密净土，不与外界相通，不沾世事尘埃。

清晨时分，水陌客栈的客人会在阳光中醒来。床的对面是全落地玻璃，窗外便是烟波浩渺的洱海，若是拉开窗帘，便能看到对岸的山头上一轮耀眼的红日跃出地平线。

我住的是270°水景的"烟波"，在日出时满屋子都会洒满金灿灿的阳光，海天一色的洱海近在眼前，似乎触手可及。视线里除了波光粼粼的水面，再无别物。

杂粮粥、馒头、鸡蛋、橄榄菜、水果……水陌客栈提供的早餐很家常，却十分丰盛，坐在乡村复古风的咖啡馆里吃早餐，是宁静一天的开始。

在水陌码头上有一排桌子和躺椅，藏在寂静的角落，往上一靠，只能看到远处的山、近处的水和抬头时的整片蓝天，天地间再无烦琐的杂务值得挂念，整个灵魂都会融化在这一片世外净土里。

在月色中听浪

金梭岛是洱海上一个独立的世界，水陌客栈则是金梭岛上又一个独立的世界。大部分住进水陌客栈的客人都是来度假的，根本没有踏出客栈一步的打算，整日的时光都在这与世隔绝的小天地里度过。

水陌客栈为足不出户的客人开设了餐厅，菜品的种类不算丰富，味道也未必惊艳，但充满了诚意与专注，一份扬州炒饭也令人吃得满足。

黄昏时分适合在咖啡馆里看书，那时客人很少，十分安静。水陌客栈的咖啡馆很宽敞，做旧的木头桌椅与复古皮质沙发散发着浓郁的美式乡村田园风。书柜里的书恰好适合在休闲度假时翻阅，看得累了，一抬头便能望到落地窗外整片被夕阳余晖染成红色的洱海。客人一旦落座，店里的员工便会悄悄端上一壶免费的滇红，蕴含着细无声的温暖。

当太阳完全落山后，水陌码头上的街灯便会亮起来，与天空中的月光和星子交相辉映，在洱海的水面上洒下波光粼粼的清辉。这时坐在水边的躺椅上面朝洱海，便有着与白日里不同的感受。视线在夜幕中变得模糊，对面连绵起伏的山峦仿佛一幅古典泼墨画。在寂静的夜色里听觉分外灵敏，洱海的波浪声化作一曲悠扬的小调弥漫在整个四周，仿佛天地间只剩下这一种声音，在人的灵魂深处回响。

岛上娱乐活动很少，天色一黑，水陌客栈的客人们会早早回房休息。房间里准备了舒适的茶座，供客人们在月色下的洱海边煮茶聊天，秉烛夜谈。质量上乘的浴缸安置在落地窗边，一个人的时候，不妨泡在浴缸里欣赏窗外码头灯光下的洱海，享受空寂无人的清净自在。在如此美景的大自然里，老板娘胡姐不提倡看电视，所以房间里也没有准备电视机，实在有睡不着的夜猫子，可以到咖啡馆里看电影。

水陌客栈里的每一位客人都会带着宁静的幸福睡去。胡姐对于水陌生活用了八个字概括，"遗世独立，纯净美好"。

所谓伊人，在水一方

不止一个人说过，一家客栈的气质必然与它的主人契合。整间水陌客栈里都散发着一种隽永的、幽然的温柔，而同样的气息也可以在老板娘胡姐身上深刻感受到。她或许早已过了少女时期，但学中文出身的她灵魂深处割舍不下对生活的浪漫想象，便把与生俱来的梦幻气质全部融合进了水陌客栈里。

胡姐是四川人，她的弟弟在大理当兵多年，退伍后留在大理做玉石生意。胡姐的事业都在家乡，早已衣食无忧，当决心开一座客栈时，第一念头选择的便是大理，因为弟弟在那里。这种对亲情的眷恋给水陌客栈蒙上了一层温情的颜色，一种家的暖意。胡姐

1 | 2
  | 3

1. 夜晚来洱海边坐坐，可以看到满天繁星
2. 晚上可以在这里看电影
3. 洱海月色下的温暖灯光

说自己不是生意人，不管物质财富如何增长，都摆脱不了灵魂深处的文艺情结。她爱好文学，喜欢旅行，懂得旅途中游人的种种孤寂与彷徨。她说："水陌的初心就是给浪子一个家。"

这份初心使得水陌客栈在许多细节上体贴得让人感动。每位入住的客人都会得到一份胡姐亲手制作的小礼物作为纪念；每个房间都免费提供水果零食，若是恰逢节日，还会相应增加巧克力、玫瑰花、月饼等应节惊喜；房间里准备了上好的金丝滇红和整套茶具，供客人自己煮茶。

温柔的胡姐与她梦幻的水陌客栈一样，有着超然物外的古典气质，仿佛是从《诗经》中走出来的伊人，宛在水中央。

客栈资讯

- 地　　址：大理市海东镇金梭岛南端
- 电　　话：0872-2477073、13529650931
- 预订方式：网络/电话
- 房间价格：390～1590元

简海慢生活客栈
——小巷深处的天堂

当我拉着行李箱在才村码头的村庄里穿行了许久，一路上走过古老的民宅，经过开阔的田野，路过一家又一家的小客栈后，我看到了巷子的尽头。

我以为我一定是找错了地方，抱着姑且再走两步看看的心态走到了巷子的尽头，结果，洱水神祠豁然便在眼前，也很自然地看到了它旁边的简海慢生活客栈——两栋华丽现代轻奢风格的建筑物。

客栈特色

- ◎ 简洁明快的设计风格
- ◎ 海景房里可以躺在床上看洱海日出
- ◎ 公共空间漂亮宽敞，闲适自在
- ◎ 早餐提供私房三明治

原创主义的轻奢华

简海慢生活是一家很新的客栈，硬件设施优质，俨然主题酒店式的轻奢调性，让每个偶然预订房间的人都有着物超所值的惊喜。

客栈分为一号院和二号院，前者是概念店，后者是精品店。两者的区别在于，一号院更提倡出世的传统生活方式，各种室内设计风格在现代元素中更倾向于自然与古朴，房间里不配备电视机，希望客人们更能投入地享受洱海月色。而二号院刚刚建好不久，硬件设施更精致，设计风格也更加偏向现代精品酒店风格，为习惯了城市生活方式的人们配备了电视机，公共空间的布置也更欧式化。

客栈老板MR.W是广州人，设计师出身，在成都开了多年的广告设计公司，同时还是一位雕塑家。他拉来自己的好友——服装设计师阿志一起参与了简海慢生活的整个

房间里的星空露台

设计过程，以复古工业家居风格为主调，坚持原创艺术精神，将原本的白族小院在保留其特色的基础上进行改造，一个个手工制作的书架、书桌、木件无不体现主人的艺术修养，赋予了简海慢生活独特的人文味道。

客栈提供经济实惠的花园景观房，也配备宽敞豪华的海景复式套房，丰俭由人，且整体性价比出众，最贵的房间也不超过600元一晚。

对比大理部分名气大、资历深，但硬件也老化的客栈，简海慢生活仿佛一支异军突起的生力军，充满了阳光的气息。它的房间由于设计合理，既充满了艺术情调，又完全适应挑剔的现代都市人对硬件配置舒适度的要求，沙发、枕头、被子质量都很高，只是热水需要稍微等待一小会儿，如果花洒的水流再大一些，这就是一家难得的、完美的客栈。

1 | 1. 看得到洱海的露台
2 | 3 | 2. 露台上的风景
3. 清新文艺的房间风格

　　在面朝洱海的才村码头寻得这样一间小小天堂般的客栈，本就是生命中一场奢华的旅行。

丰富的精神世界

　　老板娘小静以前从事品牌推广工作，性格外向积极，善与人打交道。可惜我去客栈的时候她陪着母亲去国外旅行了，在电话里她颇为担心地说："我老公是个艺术家，不善言辞。"

MR.W的笑容确实很腼腆，说话慢条斯理，理性中带着几分温和，颇有些孩子气。

MR.W平日里和客栈的员工们一起吃饭，他是广州人，喜欢吃姜葱清蒸的鱼，于是吩咐厨房里按着粤菜的方式做了两大盘洱海鲫鱼。MR.W满怀期待地看着员工们吃鱼，希望大家认可他的推荐，可惜本地的白族大妈和小姑娘们不解风情地予以否定了。

MR.W带着几分尴尬笑了，笑容中又有遗憾，怎么没人懂得粤菜的魅力呢。

可是，我却想郑重向游人们推荐简海慢生活的员工餐，其美味丰盛的程度堪比才村任何一家专业饭店。老实说，那份姜葱蒸鲫鱼味道很鲜美，MR.W的品位一流——无论艺术设计还是美食口味。

MR.W虽然如老板娘小静所说的不善言辞，话不多，但言语真诚。如果只看穿衣风格，他是个标准的设计师模样，简洁时尚。但倘若与他深聊下去，会发现他有着极其丰富的内心世界。

聊到大宝时，MR.W的语气会变得活泼起来。大宝是一只大黄猫，老板一家从成都千里迢迢把它带过来，一开始很担心大宝换了环境会不适应，却没想到，猫比人更快地适应了大理明媚灿烂的阳光。大宝总是在花园里打盹儿，偶尔会走到MR.W的脚边撒娇。而外表憨态可掬的拉布拉多犬多多则每天老老实实地守着大门，不吵不闹，忠心耿耿。

如果想知道MR.W的精神世界有多充足，就去翻翻他的书柜，一目了然。

你若用心我便留

大理的客栈有成千上万家，但能够用尽全力认真经营的，倒也不算特别多。

简海慢生活作为一家刚在洱海边立足的新客栈，老板的认真态度让人印象深刻。客栈里太多细节能让人感到主人的用心，整洁明亮的公共空间、简约的欧式咖啡馆、角落里藏着的原创木工艺术品、主人细心温和的照顾……

而不得不提的还有人气火爆的自助三明治早餐。简海慢生活提供的早餐很简单，但做得十分精致用心。无限供应的火腿鸡蛋三明治、咖啡、红茶和果汁，会在早上九点准时送到咖啡馆，供客人们自取。

为什么会选择三明治，MR.W说了真实的感受："来自天南地北的客人们口味难以协调，最终发现三明治是每个人都喜欢的。"

客人如果时间充足，可以坐在宽敞舒适的咖啡馆里慢慢品尝新鲜出炉的三明治，喝两杯老板娘从意大利带回来的咖啡，翻翻时尚杂志，悠然自得地享受清晨懒洋洋的阳光洒在身上的暖意。赶时间的，则可以拿着打包好的三明治快速出门，赶路的同时把肚子填饱——这或许正是三明治早餐最大的好处。

1 | 2   1. 在海天一色里享用早餐
               2. 愉快的早餐从这里开始

　　就是这样，主人用心把简海慢生活打造成了一家想让人长久住下去的客栈，每个离开的人都会依依不舍在这里短暂而舒适的时光。

　　"让客人们把这里当作自己的家。"小静这样说，"那就是我们开客栈的终极意义。"

　　他们做到了。

客栈资讯

- 地　　址：大理市大理古城北门才村18组（近洱水神祠）
- 电　　话：0872-2691394
- 预订方式：网络/电话/微信
- 房间价格：268～548元

了了族客栈

——江湖了了，在水一方

"明明金鹊镜，了了玉台前。"了了者，通达也。了了族"酋长"是个通达的人，这一点毫无疑问。

双廊的水天一色在世界的很多角落可以复制，除了双廊的人。了了族客栈的魅力正在于此，特有的人文气息让这里充满一种隽永的姿态，谈笑有鸿儒，往来无白丁。

了了族有一种隐隐的奢华，不在皮相上，而在骨子里。美人在骨不在皮，所谓伊人，所谓了了，靠水而居，在水一方。

客栈特色

◎ 地中海风情与中国传统院落的完美融合
◎ 零距离的私家码头
◎ 房间里宽敞的飘窗台
◎ 有狗有猫有鸡，一派私密田园风光

相忘于江湖，不如相逢于了了

"人在江湖，身不由己。"这是古龙的传世名言，他所说的江湖，是义气，是热血，是命运的几分无可奈何。了了族的江湖，不是古龙式的，是庄子一派的。

庄子的江湖，是一片广阔逍遥的适性之处。老板是四川人，自称了了族"酋长"，走过人生浮世繁华，寻了双廊这个妙处，落地生根。他学过咏春，亦爱书法，一踏进大厅，满屋父子三人的墨宝潇洒随意堆放，自在无碍。

对了，酋长有两个温良如玉的双胞胎儿子，皆谈吐不俗。

许久没有与人相谈甚欢，那个午夜，酋长兴起，开了一瓶红酒，在两个儿子的簇拥下，天南地北，聊了个尽兴。

老板以自己的咏春师门为荣，兴致勃勃讲述着咏春门派发展的历史，并坚持自己的

文艺范儿的观景平台

1 | 2
  | 3

1. 看得到洱海的咖啡馆
2. 院子里的"渔民"鸭子
3. "米酒"和"米汤"

师门相当正宗，并思索着有无可能拍成电影。

双胞胎儿子是"90后"，在北京同一所大学同一个专业读书，学农业方向。我颇为好奇，如今家世不错的年轻人选这个专业的可不多。哥哥淡淡一笑，"我们虽然还不确定自己未来究竟喜欢什么，但我们至少知道，现在自己不喜欢什么"。

这对双胞胎，有着比同龄人更为成熟的内心世界，显得优雅而恬淡。

夜色弥漫时，咖啡馆原本的地中海风格变得不如白日那般突出，反倒是隐藏其中的中式古典气质压抑不住地迸发而出。

窗外洱海风平浪静，月色如梦，三个男人，一大两小，各自摇着杯中的红酒，任由

意识海阔天空。

从量子物理到《心经》，从咏春的历史到酋长一声中气十足的"阿弥陀佛"，今夜海上生明月，照见人间寂静，意韵悠长。

人生代代无穷已，江月年年只相似。

夜已深，三个男人还饿着肚子，老板娘失职？当然不！她去了昆明，只为带回一只小猫，真是一家的妙人儿。

客栈的店长是个兰心蕙质的女孩，没多久，三盘招牌牛扒端了上来，三个男人一脸满足。

属于了了族客栈的私家码头

在这夏日午夜梦回时分，洱海的夜风从窗户的缝隙里透出丝丝的清凉，在了了族客栈这片独立的江湖意境里，脱俗的风骨与世俗的幸福那么完美地融合在一起。

相逢于了了族客栈，是前世约定的轮回。

了了有何不了，生生还是无生

在大理，在双廊，在客栈里养狗养猫并不稀奇，可是像了了族这样养鸡的实属罕见。

了了族的贵宾犬叫米酒，了了族的加菲猫叫米汤，了了族的鸡……用来写意的吧？

了了族的设计风格很有特色，田园风格里夹杂几分地中海的元素。说它是欧式风

$\dfrac{1}{2}$ 　1. 坐拥整片洱海的房间

　　2. 奢华的海景房，透明浴缸令人惊喜

情，它配备最传统的中式木床与绸缎被套；说它是古典气质，它的硬件设施透着后现代的低调奢华。

　　他们究竟想传达怎样的意境？如果企图这样寻思酋长的意图，难有答案。倒是双胞胎儿子的话颇能让人回味："了了族的名字就是它最好的意境体现了，取自某个寺庙

民族风情的装饰

外面贴的一副对联。""见了便做，做了便放下，了了有何不了。慧生于觉，觉生于自在，生生还是无生。"

倘若想在双廊坐拥夜色下皎洁的月光，去了了族；倘若想在双廊寻觅一片有意境的地方，去了了族；倘若想在双廊结识不世出的隐士，去了了族；倘若想在双廊体味繁华尽头的返璞归真，去了了族。

了了族的房间比较宽敞，舒适度很高，尽管设计理念上运用了大红大绿的夸张中式元素，但硬件设置是极为现代化的，你甚至能看到无叶风扇。房间里配有液晶电视，旁边却是一台复古风情的电话机。

房间里的飘窗台配上地毯和靠垫，设计成了可以盘腿而坐的观景茶桌，一览窗外无边美景。

卫生间干净整洁，洗漱用品都是正规品牌，配有吹风机，水温够热，如果水流再大些就完美了。

如果选择贵些的海景房，就会拥有十分宽敞的卫生间和可以看到海景的透明浴缸，讲究生活品位的老板娘甚至准备了一次性浴缸套。

1 | 2　1.老板自称了了族"酋长"
　　　2.咖啡馆的温馨细节

只在此山中，云深不知处

去双廊的意义，在于喝茶、看水、吹风、独坐、静思……这一切，都是了了族客栈里的常态。从清晨到日落，足不出户，看满眼湖光山色，心旷神怡。

咖啡馆外面有个小小的码头，几张懒人沙发对水而放。在午后明媚的阳光里，要一杯拿铁，缩在其中，慵懒惬意。宠辱不惊，闲看庭前花开花落；去留无意，漫随天外云卷云舒。

走进了了族客栈，就走进了双廊的灵魂。

不过短暂借宿一晚，便如同一场心灵的静修，白鸟忘机，青山不老。

一大早，酋长带着双胞胎儿子上了苍山，据说有画展，顺便寻访山上的柴窑，店长亦不知其归期。

恍惚间，一首古老的诗浮现出来："松下问童子，言师采药去。只在此山中，云深不知处。"

客栈资讯
- 地　　址：大理市双廊大建旁村
- 电　　话：0872-2506577
- 预订方式：网络/电话
- 房间价格：279～979元

MCA客栈
——时间都去哪儿了

MCA客栈在大理颇有些年头了，1996年开业，距今已有20个春秋。客栈刚成立的时候，老板是个叫尼玛的藏族小伙，如今在客栈里已很少能看到他的身影，这么多年过去，岁月应该改变了他的容颜。

许多客人对MCA客栈陈旧的装修是有抱怨的，却又实在喜欢庭院里碧蓝的游泳池，以及那种只有时光才能沉淀出来的自然的文艺情调。

客栈特色

◎ 古城内最漂亮的游泳池
◎ 带有深深岁月痕迹的庭院与房间
◎ 大名鼎鼎的尼玛画廊

院里枯木又开花

不得不承认，岁月是把杀猪刀。20世纪90年代的时候，MCA客栈的房间可算是当时最具小资情调、最具文艺风情的设计，可是现在看来，颇有些陈旧了。木质墙面与天花板、木头大床、20世纪的老柜子，在古老的阁楼里满是时光斑驳的影子。

卫生间有些狭窄，洗漱时颇为局促，但依旧保留着20世纪的浴缸，水温也很合适。可以想象，那个时代来大理旅行的外国背包客能够找到这样的房间一定很欣喜，这已是当时十分现代化的配置。如今这一切却在时间的流逝中变得黯淡无光。

不过喜欢MCA的人是不会介意的，房间虽然老化，却多了一种怀旧的风韵，住起来也并非不舒适。更何况，他家的院子在20年后依旧那么漂亮，天蓝色的游泳池、岸边紫色的桌布与木头长椅、爬满屋顶的三角梅、角落里的钢琴，在岁月中散发出一股隽永的生命力。

1. 阳光下艳丽的三角梅
2. 水波蔚蓝的游泳池
3. 泳池边的座位

古城艺术家聚集的尼玛画廊

属于艺术的回忆

多年来，MCA里的尼玛画廊在古城的艺术圈里大名鼎鼎，其实尼玛画廊早在20世纪80年代便成立了。那时，年轻的尼玛在大理开展了以云南画派为主题的一系列展览活动。坚持了几年后，MCA艺术工作室也创立成功，在法国巴黎、美国也兴起了一阵复兴中国艺术的云南画派风潮，打造了一大批与世界接轨的中青年艺术家。

2000年左右，MCA艺术工作室与艺术家叶永青合作，举办了"InterArt 21"的活动，将一批最具创造力和影响力的中国当代艺术家聚集到大理，涉及美术、音乐、文学、电影等多个领域。从那时起，MCA成为古城里赫赫有名的艺术家聚集地。

尼玛画廊就在客栈院子的角落里，定期会举行艺术家聚会活动。平日里没什么人，可以随意进去参观。

丰盛的自助早餐

时间留在这里吧

与古城内许多设施优质的新客栈相比，MCA不能算是一个住宿的最好选择，但若想体会大理古城文艺的底蕴，那MCA的氛围是独一无二的。

MCA的早餐很丰盛，面包、果汁、沙拉自取，最为推荐的是客栈员工现做的炒面，鲜辣可口。MCA客栈里的员工大多是大理当地人，朴素、热情是他们共同的特点，在MCA里会有一种真正回家的轻松自在。

到了阳光灿烂的午后，不妨在庭院里独自发呆、喝茶，或是躺在泳池边的遮阳伞下，感受无人打扰的无拘无束，这才是MCA真正的魅力。这里值得你留下一段时光，在未来怀念。

客栈资讯

- 地　　址：大理市大理古城文献路44号
- 电　　话：0872-2673666
- 预订方式：网络/电话
- 房间价格：150～360元

西安

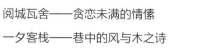

阅城瓦舍

——贪恋未满的情愫

可以说，阅城瓦舍是西安最接近城墙的客栈。顺城巷里的阅城瓦舍，只要推开窗就能看见古老的砖墙。在阅城瓦舍的露台，触碰近在咫尺的古城砖瓦，坐拥繁华的永宁门灯火，才是旅行最美的遇见。

客栈特色

◎ 新颖的北欧简约风格

◎ 景观露台上有行李小酒馆

◎ 定期举办各类活动

阅城在眼前

阅城瓦舍就在城墙边的顺城巷子里，西安文青们偏爱的顺城巷。

阅城瓦舍显然是为了文艺而有腔调的旅人准备的一方小天地，有品位，有设计，有温暖，可以坐拥城墙之后耀眼壮美的落霞。享受这一切，却并不需要高昂的费用。

客栈里有一种贪恋未满的情愫，外观的白墙仿佛刷到一半，又似乎随意地停下，露出灰色的墙坯。走廊里时不时裸露的大片砖石，仿佛散漫到懒得将白漆涂完。有时甚至整面墙都是灰砖，这种粗犷而又古朴的未满腔调，却也有一丝道理。就像是旅行一样，在一个城市，不要留得太久，不要看得太满，不要用尽了对这个城市的所有好奇之心，留着一点神秘和向往。某一天想念城墙根的客栈，想念街头的小吃，回忆起还有一处未曾踏足的地方，便可背起包出发。

露台上的西安夜景

客栈的外观并不高调，灰白色的建筑，木质的小门，纵向的前台和一层白色的公共大厅。在目所能及的空间里，古朴淳厚，设计感很强，色调温柔，也有满满的古旧元素，如石墩子、老缝纫机、古董小电视等。我去的那日，一盆波斯菊在角落里开得正好。

阅城在心间

阅城瓦舍对砖石的热爱超过西安的任何一家客栈。走廊两边的灰砖带着点斑驳颜色，凹凸不平，砖墙上挂着极简的壁画，是当下讨喜的Loft风格，却被阅城瓦舍诠释出了另一种有历史感的、古老而笨拙的美。

景观房有巨大的窗户，拉开窗帘就能看到城墙肃穆的样子。城墙正襟危坐，不苟言笑；城根下的树发了新芽，只觉得时光流逝，四季轮转。虽然叫作景观房，但并不奢华。坐榻上的矮几，摆放着干干净净的青瓷茶具，有格调的灯，非常舒适、干净、简约。

客栈的多人间是独自旅行的人们最执着的偏爱。松木的上下床很舒服，床头一盏黄

$$\frac{1}{2\,|\,3}$$

1. 公共休息厅一角
2. 颇有设计感的房间
3. 日式庭院中的小树

色小灯，整洁温馨。房间不大，低廉的价格在年轻人心中性价比极高。公共盥洗室非常洁净，干湿分离。

阅城瓦舍的露台很美，也是客栈的酒吧——行李小酒馆。住在这里的旅人们来自天南海北，可以在北方这座古老的城，在目光触及的城墙边上，共饮一杯莫吉托。小酒馆叫行李，大约是在此处下榻的人总是孑然一身，独自携着行李而来，也独自带着行李而去。让我们暂放下行李，就此逗留在这个秦岭之北的老城，和陌生人聊聊露台上西安向晚的天色，也聊聊来自这世界不同角落的人生。

阅城瓦舍里的海报

客栈资讯

- 地　　址：西安市碑林区朱雀门里顺城南巷21号
- 电　　话：029-87262670
- 预订方式：网络/电话
- 房间价格：多人间床位40~45元，房间160~228元

一夕客栈
——巷中的风与木之诗

一夕客栈，取自朝夕之名，是西安最美的老房民宿。设计师出身的年轻老板，让一夕客栈精致入髓；独特的理念和腔调，让一夕客栈自有风骨。老房子修旧如旧，新派精品客栈的人文情怀，古老与萌新在这里碰撞，令人如此欣喜。

客栈特色

◎ 由民居改造而成
◎ 文艺清新风格
◎ 多重融合的设计元素

遇见一夕

顺城巷里有个不易寻得的地方，但古老悠久，唐时就有迹可循，它就是长安学巷。

这条巷子里静静坐落着一户小院，院门口有一棵古树，可以依稀看出主人对这棵树长势的迁就，以至古树比这座老宅还显眼。

宅院和普通的老建筑没有区别，木制的旧门楣，隐约见得二三层的老楼，有檐有瓦，有棱有脊。看起来有些正襟危坐的样子，路过这里的孩童也许都不敢叨扰。院子门口，有两个小小的字——一夕，设计成一座尖角小屋的样子，须细心才能辨认出。

一夕客栈是由四个年轻设计师精心打造的民宿，从房主那里得到这个小院落之后，经由他们的灵感和双手，外守内革，将老宅变成了充满诗意与理想的客栈。

小而美，是我对一夕客栈的印象。美不仅仅在于皮囊，而是美到了骨子里，美在

雕花中式建筑

任何一处细腻而妥帖的角落。从玻璃中映射出的光和影的角度，窗外风景恰到好处的取舍，干燥植物的姿态，吊灯的玩味，小物件的悠长回味，到露台蒙太奇和波普风的瓷砖，楼梯的铁艺雕饰，无一不显露着艺术家的品位。一夕客栈其实更像一间画廊、一件艺术品，尽管它小，但确实充满了美感。

走进一夕

一夕客栈只有五间客房，因为少，所以每个客房都尽可能地逼近于完美。五个房间就像是五个陈列馆，每一间都有着完整而迥异的主题，并且拥有令人遐想的名字——迟暮、花间、素野、静迁、苍迹。

我最喜欢的是迟暮。有位设计师说过，最贴近自然的颜色就是最好的颜色，因此各种木质本身的色泽就足够美好。在迟暮这个房间中，花、草、木的颜色代表了古老的东方韵味，矮几与长桌有中国古建筑繁华的雕饰之美。迟暮，有着汉时的浑厚天成和唐时的华贵富丽。

$\dfrac{1}{2}$ 　1. 有格调、有品质的客舍
　　　2. 清新冷调的房间

1 | 2　　1. 门前一棵老树
　　　　2. 小小的阳台

提到花间，就会想起许多诗赋。然而，一夕客栈里的花间挂满的是干花，尽管拥有轻快的名字，却不演绎春日的盎然。这是初秋百花将杀未杀时，大地还未褪去嫣红时，风干花朵的颜色。干燥给了花儿漫长的花期，也不再让它们柔软，也并不粉嫩，这是设计师对"花间"这两个字眼另一种更为深沉的诠释。

素野像一间林中小屋。一夕客栈的设计师们善用植物的颜色，也善用看似毫无章法其实有迹可循的小东西来装饰，比如两只白瓷小鹿，就像屋子的眼睛一样，瞬间给予"素野"这个名字灵魂的共鸣。

静迁与苍迹则有更多现代元素。静迁有大大的落地窗，可以完整地晒到古城南面的太阳。苍迹有可以仰望晴夜星空的天窗，还有兽面瓦当。静迁像小的古博物馆，苍迹像北海道海边的雪屋。

更加值得一提的是浴室的设计，生活家们往往最重视浴室和厨房，因此浴室也是荟萃各种匠心的地方。浴缸的弧度，地砖的配色，陶瓷的质感，可分明看出这几个年轻人对一夕客栈专注的，甚至有些处女座式的爱与呵护。

一夕客栈最丰富的颜色，也许在露台的瓷砖里。在露台看得见城墙上飞檐灰瓦的城楼。在建筑物并不高的城墙里，一夕客栈的露台也拥有广阔的视野。

其实很难给一夕客栈定一个格式与框架，极简很好，田园很好，清爽很好，华丽复古也很好。打造这样一个些许梦幻的客栈有时像缫丝，一点点剥茧，抽取不同元素，精雕细琢，共同编织成一匹美丽的丝绸。

银灰色的丝绸，就像一夕客栈给人的感觉，矜贵优雅，柔软倾心。

大厅的陈设

客栈资讯

■ 地　　址：西安市碑林区三学街长安学巷3号
■ 电　　话：18629262607
■ 预订方式：网络/电话
■ 房间价格：518~876元

积木国际青年旅舍给人的感觉就是接地气。作为一个LOFT风格的青旅，它不但很有范儿，而且也很有西安情怀。每一间房都有着西安特色的地名儿门牌。生活区域实用利落的设计理念，公共大厅的个性玩味腔调，还有景观天台小酒馆，积木有着自成一派的文艺感。

積木国际青年旅舍
——行在路上，旅在人间

客栈特色

◎ LOFT工业风格的青年旅舍

◎ 有绝佳景观视野的大露台

◎ 附设酒吧的公共大厅

客栈的仪式感

西安古城有星罗棋布的大大小小旅舍、民宿、客栈，只有将一个为旅人提供卧榻的小地方，变成有腔有调、有味道、有范儿的独立空间，才能在这个城市中生存下去。

毋庸置疑，积木国际青年旅舍就做得很好。

时下，人们看重所有"有仪式感"的事情。下榻客栈，首先要看到打动人心的名字，风格别致，腔调独树一帜，客栈要有文化和品位，也要有主题和思想，这就是仪式感。喝一杯咖啡，要寻找到艺术气息颇浓厚的街角小店，咖啡店里的元素和情怀，就足够冲出一杯极品蓝山，当然，这仍旧是仪式感。这所有的仪式感，被称为"文艺范儿"。

积木作为国际青旅，对这种时下人人需要的仪式感拿捏得很到位。富有创造力的设计，砖石结构的贯穿，工业风的主路线，混搭着人人都喜欢的北欧系和日系。公共大

公共大厅

厅除了利落简约的接待前台和复古红砖砌成的酒吧，还有柔软的沙发和欧式桌椅。原木色地板和简单的吊灯让这个空间显得明亮干脆。刷成大红色的墙面挂着一整面各种宫廷风的镜子，中间挂着一幅蒙娜丽莎油画，蒙娜丽莎的微笑没有改变，只是整个人圆乎乎的，好像在一本正经地卖萌。

温暖而多元化

积木国际青年旅舍中有仪式感的元素很多。只是将每一小部分采撷而来，然后随意将这些部分堆砌，也能成为一件艺术作品。就像积木的名字，人生也罢，路途也罢，旅舍也罢，都是一个又一个的积木，随意去垒它便可，无须顾虑太多。兢兢业业的生活和随遇而安的生活都是生活，认认真真的文艺和自由自在的文艺都是文艺。

积木国际青年旅舍的三人景观房是传统的陕西炕床，广角度的圆弧玻璃窗可以享受数倍日光，房间风格以宜家为主，走简约路线。砖石堆成的炕床上铺成日式榻榻米，三个小灯很可爱。颜色尽可能简单，鹅黄色和白色墙面，草绿色的木门，看起来清新明快。

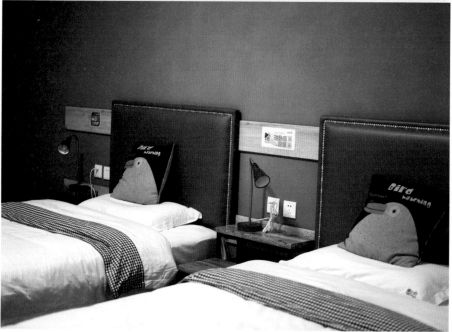

$\dfrac{1}{2}$ 1. 简约又温馨
2. 现代风格

1 | 2 1. 积木的露台
2. 积木的灯总为你而亮

每一间房都是原木色的木地板，苏格兰风情的格子窗帘，用大面积的撞色划分区域。房间和公共大厅不同，设计极简，然而也看得出用心。

红砖头铺成的露台，是天气好的时候旅人们晒太阳、休憩的地方。绿色遮阳伞和高高的露台边沿桌，像是为了一个人发呆而打造的。在这个露台里，看得到古城夜景，听得到街道上的车水马龙。

其实积木国际青年旅舍的外观很独特，灰色的墙上一盏灯，旁边写着"积木"两个字，黄色油漆涂出了这盏灯的光影部分，落在地上。这个似曾相识的设计便是独一无二的旅舍积木，像旅途中一盏暖黄色的灯，时时刻刻愿意为你而亮。

客栈资讯

- 地　　址：西安市碑林区含光路中段46号西部医药大厦5层
（体院向南约200米路西）
- 电　　话：029-85398699
- 预订方式：网络/电话
- 房间价格：多人间床位30～40元，房间89～168元